Heinz Florian Oertel · Höchste Zeit

Heinz Florian Oertel

Höchste Zeit

Erinnerungen

Das Neue Berlin

Es ist früh. Früh am Tag.

Sonst freilich ist es schon ziemlich spät. Mein Lebensmarathon ist gelaufen. Jetzt trudle ich nach tausend Galopps hinterm Ziel, trabe noch einmal durch die letzte Kurve und komme dabei auf allerlei Gedanken.

Gut, es ist spät, aber nicht zu spät, wie es heißt. Und die Alltagsphilosophen meinen: Wenn du früh aufwachst und dir tut noch was weh, juble, freue dich, denn dann lebst du. Noch ist also vieles möglich. Gutes und Schlechtes. Der Ball ist rund.

Ich blinzle in den Morgen. Ein paar Wolken treiben, etwas Sonne lacht. Na bitte, Herz, was willst du mehr. Dieser Tag kann wieder werden. Ich habe inzwischen meine kleinen Rezepte dafür.

Manche lesen schon morgens einige Seiten Courths-Mahler, um sich Gutes anzutun, oder wählen zur Erbauung die Vormittagswiederholungen von »Forsthaus Falkenau« oder »Gute Zeiten, schlechte Zeiten«. So etwas hat immer Konjunktur.

Mein spezieller Trick ist anders. Ich will ihn verraten. Um zu guter Laune zu gelangen, überliste ich mich, um dumme Gedanken ins Abseits rennen zu lassen. Ich spiele mein Spiel, meine Erfindung, das »Ost, ärgere dich nicht«. Das geht so: Ich stehe am hinteren Teppichende und halte in der linken Hand eine alte Stoppuhr, die mich schon zu x Olympischen Spielen, Weltmeisterschaften und anderswohin begleitet hat. Dann rufe ich: Auf die Plätze, fertig, los! Dabei drücke ich. Uhr läuft. Ich stürze vier, fünf Schritte vor, zum anderen Teppichende. Dort, bei Tisch und Stuhl, bremse ich ab, reiße die Tageszeitung an mich und beginne. In drei Minuten muß ich aus dem gedruckten Tagesangebot so viele Ost-Kennzeichnungen wie möglich finden, ankreuzen und zusammenzählen: undankbar, wehleidig, nörgelig, jammernd, klagend, rückwärtsblickend, trottlig, ewiggestrig, graumäusig, rotsockig, unfleißig, inaktiv, ideenarm, unbedarft, nostalgisch, ost-talgisch (Hurra, das bringt immer zwei Punkte!) ... und uff! Die Zeit ist um. 17 Punkte.

Schade, Rekord verfehlt, der steht bei 22 ... Sofort renne ich jetzt auf die Toilette. Dopingselbstkontrolle. Denn es muß alles mit rechten Dingen zugegangen sein. Immerhin war's ein Rekordversuch. Natürlich kann ich nur optisch feststellen – ja, okay, die Sache lief sauber ab. Anschließend gucke ich in den Spiegel. Mann, so sieht ein Ostler aus! Und mir fallen noch einmal alle Kennzeichnungen ein, die ich gerade dem ersten Tagesrapport entnahm. Dazu murmle ich: Mea culpa, mea culpa – und das heute siebzehnmal. Nun gehe ich zum Fenster und schaue westwärts. Dabei beginne ich, stets an die neuen Politpfarrer denkend, meine Entschuldigungslitanei.

Entschuldigung, daß ich geboren bin.

Entschuldigung, daß mich der Storch nicht über Garmisch-Partenkirchen, sondern nur über Cottbus fallen ließ.

Entschuldigung, daß ich die Jalta-Beschlüsse nicht verhinderte.

Entschuldigung, daß ich mich gegen die Ost-Reparationszahlungen und -leistungen nicht auf die Schienen legte.

Entschuldigung, daß ich den Marshallplan nicht wenigstens für die Lausitz reklamieren konnte …

Und so weiter. An manchen Tagen schaffe ich bis zu 24 Entschuldigungen.

Und dann, alles gehört noch zum Tagesanlauf, verdunkle ich den Raum. Er wird zur Kultstätte, nur Weihrauch fehlt, weil ich da allergisch bin. Jetzt stelle ich die Geheimnisfragen. Dabei blicke ich fest zur Decke, und ich darf nicht zittern: Wir sind Unrechtsstaatler? Seit wann, bitte? Warum pflegte man dann mit uns Kontakte, auf höchsten Ebenen und vor Kaminen? Warum waren wir weltweit diplomatisch anerkannt? Wer ließ uns in die UNO? Ins IOC? Wieso hatten da und dort Unrechtsstaatler allerlei Posten? Warum durfte man sich trotzdem Orden, Titel, Geschenke, Verträge, Abschlüsse hin- und herreichen? Rechtsstaatler mit Unrechtsstaatlern? Und Milliardenkredite? War das zum schnelleren Sterben oder zum längeren Leben gedacht? Der rote Teppich noch vor Unrechtsstaatsultimo, mitten in Bonn, mit Tschingdarassabum für den Un-Wesens-Obersten? Alles, um uns Verirrte weiter zu verwirren?

Ich atme tief durch. West-Götter, gebt Antworten!

Danach gehe ich an die frische Luft. Dort futtern die Vögel. Fräßen sie doch auch gleich noch alle Schwarzweißraster, Vorbehalte, Vorurteile weg … Der Tag läuft, ich laufe mit. Aufarbeiten? Abarbeiten? Hauptsache, jeder arbeitet. Auf oder ab oder beides, alle und überall. In Ost und West. Deutsche Geschichte ist die Geschichte beider deutscher Staaten. Auch die Geschichte des Sports. Und alles begann schon vor 1945.

So starte ich meine späte Spurensuche. Bevor der Tag zu Ende geht.

Zufall

Sprem, Cottbuser Kürzel für Spremberger Straße. Die Straße der Stadt. Überheblich ließe sich auch feststellen – unser Ku'damm.

Oben, am südlichen Ende überragt der Spremberger Turm altbürgerliche Wohn- und Geschäftshäuser, Banken und vorbeiquietschende Straßenbahnen. Dieser dicke Turm mit seinem steinernen Bauch ist fast so alt wie meine Heimatstadt, die immerhin schon über 770 stolze Jahre auf dem Buckel trägt. Hussiten bissen sich am Turm die Zähne aus und Wallensteins Plünderer. Er nahm Pestkranke auf und später hugenottische Emigranten. Dann rissen ihm der Siebenjährige Krieg und Napoleons Truppen Wunden. Baumeister Schinkel heilte sie mit neuen Zinnenkronen, die noch immer halten.

Mich brachten der Zufall und natürlich meine Mutter in Cottbus auf die Welt. Ich liebe die Stadt. Früher hieß sie Chotibus, Godebuz, Choschobuz und Kottbus, Sorbisch immer Chosebuz. An ihrem Wahrzeichen, dem Turm, nahm vieles seinen Lauf. Beim Dickbäuchigen hatte ich mein erstes Rendezvous. Und just da hatte ich auch eine Begegnung, die so vieles veränderte und mich auf neue Pfade führte …

Der nüchterne Fakt: Im Herbst 1949 lief mir ein alter Schulfreund über den Weg. Wir hatten uns lange nicht gesehen. Nun brachte er diese Neuigkeit: »Du, für kommenden Sonntag suchen die einen Reporter. Irgend etwas vom Sport soll übertragen werden. Cottbus besitzt jetzt ein Rundfunkstudio. Das gehört zum Landessender Potsdam, und der ist das Radio vom Land Brandenburg …«

Seither frage ich mich immer wieder, was wäre geworden, wenn es nicht jenen Zufallstreff gegeben hätte, wenn dieser Schulfreund nicht mich, sondern irgendeinen anderen informiert hätte? Lebenskonjunktive!

Überhaupt, was ist Zufall? Völlig unstrittig ist, jener Zufall bewegte für mich Dinge, von denen ich bis dahin nur träumen konnte.

Start

Es ging um ein Spiel. Ein Handballspiel. Eines für Frauen und um die Brandenburgische Landesmeisterschaft. Im Feldhandball, den heute kaum noch jemand kennt. Handballerinnen aus Luckenwalde und Spremberg trafen sich im Cottbuser Stadion an der Spree, später Stadion der Freundschaft.

Keine der damals Beteiligten wird mir böse sein, wenn ich heute schreibe: Viel war nicht los. Aber, Herrgottnochmal, schließlich war es auch die Zeit der Lebensmittelkarten, der immer noch dünnen Wassersuppen, schlechten Kleidung, alten Schuhe und abgenutzten Bälle. Und Petrus spielte auch nicht mit. Statt Streicheleinheiten der Sonne schickte er Regen. Keine hundert Zuschauer verloren sich im tristen Rund. Ein ziemlich miserabler Tag, dieser erste Reportertag meines Lebens.

Mir kam auch noch anderes in die Quere. Die Zufallsdramaturgie, die sonst den Sport und die Sportberichterstattung so spannend macht, ließ mich total im Stich. Es fiel nur ein Tor – und das beim Handball. Zu allem Pech kassierte dieses Tor die Spremberger Mannschaft bereits in der dritten Spielminute. Ich sollte, mußte doch aber die letzten Minuten schildern. Da war schon lange alles nur noch Schweigen. Was ich sprach? Keine Ahnung mehr. Ich redete und redete, wie um mein Leben. Dabei, das habe ich nicht vergessen, hoffte ich immer auf das Wunder weiterer Tore. Das hätte wenigstens etwas Trubel und Hallo gebracht. Nichts da.

Luckenwaldes Frauen wurden Landesmeister. Mit 1 : 0.

Ich hatte wohl auch mit dem knappsten aller Resultate gewonnen, denn mein Band wurde tatsächlich gesendet. Vielleicht, vielleicht hat es sogar irgend jemand zwischen Kiekebusch und Himmelpfort gehört.

So oder so, ob ein Hörer oder hunderttausend, an diesem Herbsttag buddelte ich die Startlöcher meiner Reporterlaufbahn. Ich war knapp zweiundzwanzig Jahre alt und überzeugt, jetzt beginnt das richtige Leben.

Friedrichs

Lieber Hanns Joachim Friedrichs,

an dieser Stelle ist es gut, mit Ihnen zu reden. Kurz vor Ihrem Tod schrieben Sie das Buch »Journalistenleben«. Ich las es mit Aufmerksamkeit und Respekt. Alles, was Sie über Ihre Herkunft, Ihren Weg, Ihre Haltung, über die Arbeit bei der BBC, in Hollywood, als Korrespondent und Moderator bei ARD und ZDF und speziell als Leiter der ZDF-Sportredaktion zu sagen hatten.

Leider lernten wir uns nie näher kennen. Es blieb bei kurzen Begegnungen und knappen Gesprächen. Schade. Heute könnte ich Ihren Rat, Ihre Meinung gut brauchen. Nach der Lektüre vom »Journalistenleben« drängten sich nämlich viele Fragen auf. Jetzt, beim Schreiben, für mich noch mehr.

Bedauerlich ist, hier und heute gibt es kein intensives Interesse an Meinungs- und Haltungsaustausch. Die meisten Kollegen wollen das nicht, und für ihre einstigen Kollegen sind die Fronten ohnehin klar. Hier weiß, da schwarz. Dabei wäre ein faires »Aufarbeiten« deutscher Geschichte dringend erforderlich. Meine Meinung ist, deutsche Geschichte ist generell die von Ost und West. Alles, was in der Bundesrepublik und alles, was in der DDR geschah. Da waren wir beide dabei, zumal wir vom selben Jahrgang sind. So schreibe ich jetzt über mein Journalistenleben. Vielleicht, hoffentlich, trägt das eine Winzigkeit zum näheren deutsch-deutschen Kennenlernen bei.

Zuhaus

Ich schäme mich, daß ich mich schämte.

Riefen die Lehrer einzelne Schüler auf und fragten nach den Eltern, Beruf des Vaters und so weiter, bekam ich rote Ohren. Immer hoffte ich, man würde mich übersehen. Blätterten andere im Klassenbuch, wo bekanntlich alles Schwarz auf Weiß zu lesen war, duckte ich ab. Links und rechts antworteten Mitschüler: »Mein Vater ist Apotheker«, »Meiner ist Chemiker«, »Ingenieur«, »Studienrat«, »Bibliothekar« ... Da konnte ich nicht mithalten. Ich hatte das Gefühl, wenn ich mein »Weber« oder »Tuchmacher« murmelte, grinsten die anderen. Später mußte mein Vater, der bis dahin wegen einer Herzgeschichte nicht einberufen wurde, in einen Rüstungsbetrieb. Dort stank es jämmerlich nach allen möglichen Giften. Aus allem machte man Kunstfasern und wer weiß noch was. Jetzt nannte sich Vater Chemiewerker. Mich verführte das zum Schwindeln. Kam ein neuer Lehrer, viele bekannte verschwanden in letzte Wehrmachtsaufgebote, und fragte nach dem Vater, nuschelte ich ein Mischmaschwort wie »Chemwiker« ...

Warum, dachte ich hundertmal, warum bin ich gerade so, hierher geboren? Mein Vater Weber in einer Tuchfabrik an der Spree, meine Mutter Reinemachefrau im Lehrerbildungsinstitut um die Ecke. Und wir wohnten zu viert in Stube und Küche. Mutter, Vater, Schwester und ich. Bis zu meinem vierzehnten Geburtstag. Nach der Schule brachte ich Vater das Essen in die Fabrik. Ich trug seine abgelegten Schuhe und gestopften Pullover. Einen Wintermantel kannte ich nicht. Zur Konfirmation bekam ich mein erstes eigenes Jackett.

Warum schämte ich mich?

Ich wußte, andere wohnen besser. Meine Klassenkameraden besitzen richtiges Sportzeug, Fußballstiefel, Badezeug, im Winter Skier, manche ein Fahrrad. Für mich, Fehlanzeige. Weihnachten, wenn es anderswo trotz der miserablen Zeit noch Geschenke gab, Neues, pinselte Vater auf meine Spielsoldaten neue Dienstgrade. Aus einem Gefreiten machte er per Pinselwinkel einen Obergefreiten, aus einem Leutnant mit Kleks einen Oberleutnant. Das war's. Halt, und dazu mein Lieblingsessen: Kartoffelsuppe mit Bockwurst. In der Schule rangierte ich mit den Leistungen vor vielen, aber die lagen dafür im Leben vorn. Das wurmte. Immer wieder.

Vater konnte für seine Herkunft so wenig wie ich für meine. Die Oertels stammten aus Niederschlesien und waren meist Arbeiter. Vater wuchs zudem in einer ähnlich erbärmlichen Zeit auf. Im Ersten Weltkrieg waren fast alle Lehrer an die Front beordert. Immer wieder fiel Unterricht aus. Entsprechend war das Lernniveau. So »ausgebildet«, geriet er auf den Arbeitsmarkt der Nachkriegsjahre. Eine Katastophe. Null Berufschancen. So, wie heute wieder für viele junge Leute. Dann glückte eine kurze Bäckerlehre. Es folgte Arbeitslosigkeit. Viele Jahre. Weimarer Republik. Und dann kamen wir. Zuerst ich, dann meine Schwester.

Gegen Ende des Nazikrieges sprang Vater Gevatter Tod knapp von der Schippe. Wie viele mußte er noch zum »Volkssturm«, um Panzerfäuste abzufeuern. Ohne Kenntnisse ging das auch nach hinten los. 1945, das Kriegsende, bedeutete Erlösung. Wie alle, die den Wahnsinn überstanden, machte er drei dicke Kreuze. Er ging zur Polizei, räumte Tote von den Straßen, patroullierte nachts durch gefährliche Ecken, klebte am Tage immer neue Verlautbarungen an Wände und Bäume. Später arbeitete er in verschiedenen Volkspolizeirevieren, war Kurierbeifahrer und, als er mit fünfundsechzig in die wohlverdiente Rente ging, beförderte man ihn zum Unterleutnant …

Einer der Toten, die mein Vater im Frühling 1945 durch Cottbus karrte, war mein Großvater Max Bombeck, Bergmann aus Welzow, wo er noch unter Tage arbeitete und dabei ein Auge verlor. Großvater riß eine der allerletzten Fliegerbomben, die auf Cottbus prasselten, in den Tod. Er war über siebzig, und ich bin überzeugt, er hätte die Hundert geschafft.

Mein Vater wurde ein zufriedener Rentner. Zeit für sich, für seine Frau, den Garten, Urlaubsreisen. »Meine schönste Lebenszeit«, urteilte er immer wieder. Und zum Heute?

»Ich fürchte für eure Kinder, die Enkel, Urenkel. Was soll aus allem mal werden, wenn's wieder nicht Arbeit gibt, und da und dort nächste Kriege … Jetzt bin ich irgendwie stolz, fünf verschiedene Regimes erlebt zu haben: Kaiserzeit, Weimarer Republik, Nazi-Reich, DDR und Bundesrepublik … Wer hatte schon solch ereignisreiches Leben?«

Mein Vater wurde neunzig Jahre alt, und das Schicksal schenkte ihm ein kurzes Sterben. Zwei Monate nach dem Tod seiner Frau, meiner Mutter.

Heute bin ich überzeugt, »vom Mütterchen erbte ich die Frohnatur, die Lust zum Fabulieren«, wie es bei Goethe heißt. Fast immer zeigte sie gute Laune, und sie hatte hundert Gründe zum Gegenteil.

»Wie gern hätte ich einen richtigen Beruf gelernt. Nie klappte es. Wo und wie auch. Als ihr dann aus dem Haus wart, war's zu spät. Egal. Wir lebten gut.«

Als Reinemachefrau ging sie früh gegen vier Uhr aus dem Haus. Rechtzeitig zurück, machte sie uns dann das Frühstück, und dann half sie noch in benachbarten Geschäften aus.

»Für mich war's auch als Rentnerin am besten. In der Volkssolidarität konnte ich mithelfen und vorher in Kindergärten ...«

Schlimmes, Böses erlebte Mutter in den letzten Kriegsmonaten. Vater beim Volkssturmendaufgebot, ich weit weg, und mit meiner Schwester geriet sie auf der Flucht in das Chaos des Halber Vernichtungskessels. Tausende, vor allem Frauen und Kinder, verloren noch das Leben. Was beide mitmachten, muß schrecklich gewesen sein. Ich vermute, sie haben uns nie alles erzählt.

Schule

Lebte er noch, ich könnte ihn jeden Tag umarmen. Meinen ersten Grundschulklassenlehrer, Herrn Hildebrand. Nie hatten wir herausbekommen, wie er mit Vornamen hieß. Doch das tut längst nichts mehr zur Sache. Was mir aber Herr Hildebrand schenkte, wie er mir vorentscheidende Lebensweichen stellte, das bleibt unvergessen.

Bei ihm lernte ich Lesen und Schreiben. Alles in der 1. Cottbuser Gemeindeschule, die dort stand, wo sich seit Jahren nun Sportler, Sänger, Balletts und Artisten tummeln, in der weit bekannten Stadthalle. Immer, wenn ich dort auf der Bühne stehe, rauscht es mir durch den Kopf: Hier bist du zur Schule gegangen, hier hast du das ABC, das Einmaleins kapiert, hier regierte damals noch der Rohrstock mit, nicht beim verehrten Lehrer Hildebrand, aber überhaupt …

Blättre ich jetzt in alten Zeugnissen, die ersten erhielt ich 1934, komme ich aus dem Staunen nicht heraus. Deutsch, Lesen, Schreiben, Rechnen, Heimatkunde, Zeichnen, Religion (!), das war Pflichtfach, alles gut, oft auch besser. Turnen ebenso. Turnen bedeutete alles. Also auch Spiele, Leichtathletisches, Geräteturnen, was mir überhaupt nicht lag. Am meisten fluchte ich über Barren, Reck und Tauklettern.

1938, als es von Klasse 5 in Klasse 4 gehen sollte (ja, wir begannen in der 8. und endeten in der 1. Klasse), geschah Besonderes. Mein Vater war zu Herrn Hildebrand bestellt, und als er nach Hause kam, platzte die Überraschung: »Du sollst eine Freistelle für die Mittelschule kriegen, weil du gute Zensuren hast, und Herr Hildebrand hält was von dir. Wenn's klappt, brauchen wir auch nichts zu bezahlen. Kein Schulgeld, nicht die Bücher, alles umsonst. Er wollte meine Zustimmung. Ich habe ja gesagt.«

Das war's. Was es bedeutete, ging mir erst viel später auf. Nach den sechs Jahren Mittelschule bekam ich dann eine weitere Freistelle, da für die Oberrealschule. Doch passierte das eigentlich schon zu spät, im Frühjahr 1944.

Das allerschönste wurden für mich auf der Mittel- und dann auf der Oberrealschule die Deutschstunden. Vor allem, weil ich mit den Deutschlehrern Riesenglück hatte. Sie verlangten mehr als sture Diktate und simple Aufsätze. Über alle notwendige Grammatik hinaus stießen sie Türen in die Muttersprachenwelt auf. Wir lasen laut Klassiker, rezitierten kleine Szenen, und wir besuchten gemeinsam Aufführungen im Cottbuser Stadttheater. Heute ist es das Staatstheater des Landes Brandenburg, und dieses eine »a« mehr bedeutet viel ... Mit Intendant Christoph Schroth steht dem Haus zudem ein Mann vor, der – mit allem Respekt – zu Deutschlands besten Regisseuren zählt.

Damals, hochdroben in den letzten Reihen des zweiten Ranges, starrte ich mit heißem Kopf hinunter auf die Bretter, die für manchen die Welt bedeuten. Ich beschnupperte Neues, das mich anregte und verzauberte. Deklamierende Schauspieler, das bewegte mich wie andere Musik. Alles vermittelten mir Deutschlehrer. Seither weiß ich, wie lebenswichtig gerade sie sein können. Solche, wie ich sie glücklicherweise kennenlernte, wünsche ich allen Schülern.

Ich gehörte auch zu den ganz guten Aufsatzschreibern. Noch besser war ich aber als Gedichteaufsager. Das brachte mir auch den Respekt der Klassenkameraden, weil ich ihnen oft aus der Patsche half. Jeder weiß von solchen Situationen: Der Deutschlehrer stellt die Hausaufgabe, bis zur nächsten Woche beispielsweise Schillers »Glocke« zu lernen.

Dann ist es so weit.

»Wer meldet sich freiwillig? Na …?«

Schweigen im Klassen-Wald.

Das war meine Chance.

»Ich!«

Ein zufriedener Lehrer sah das Eis gebrochen, und für die Mitschüler waren die lähmenden Peinlichkeitssekunden vorbei. Ich hatte sie erlöst. Was andere irritierte, manche total verunsicherte, machte mir Spaß. Vorn zu stehen, Auge in Auge mit teils verlegenem, teils feixendem Publikum. Ich legte los …

Rilke

Jede Schule delegierte damals auch die Besten zu Rezitatoren-Wettbewerben. Im Cottbuser Stadttheater ging es um die Stadt-Besten, die wurden dann zur Landes-»Meisterschaft« geschickt. Eine erlebte ich in Frankfurt. Es mußte eine »Pflicht« und eine »Kür« geboten werden. Pflicht hieß, eine vorgegebene Ballade zu rezitieren. Ich weiß noch genau, beim Endausscheid war das Uhlands »Des Sängers Fluch«. »Es stand in alten Zeiten ein Schloß so hoch und hehr ...« Meine Kür bestand aus Versen von Rainer Maria Rilke.

Ältere Cottbuser Freunde hatten mich zum Rilke-Fan gemacht. Der gerade zuständige Deutschlehrer unterstützte mich. Mir gefiel dieser spezielle, schöne Sprachrhythmus, die dadurch möglichen Sprechmelodien und die Bilder, die Rilke schuf. Viele Metaphern verstand ich noch nicht, klar, aber alles beeindruckte mich, und die mit alten Schreibmaschinen abgetippten Texte hob ich lange, lange auf.

Fürs Finale wählte ich drei oder vier Abschnitte aus einem Rilke, der zu dieser Zeit manchen von uns begeisterte. »Die Weise von Liebe und Tod des Cornets Christoph Rilke«. Gleich der Anfang faszinierte: »Reiten, reiten, reiten, durch den Tag, durch die Nacht, durch den Tag. Reiten, reiten, reiten. Und der Mut ist so müde geworden, und die Sehnsucht so groß ...« Meine zweite Kür-Wahl wurde Rilkes »Herbsttag«. Warum? Wieso? Keine Erklärung. Alles Lebenssymbolische dieser Zeilen ging mir erst viel später auf.

Gerade die Erinnerungen, die jetzige Lebensherbstnähe und das sprachlich Ewig-Meisterliche ließen mich nun bewußt das zum Motto des vorliegenden Buches machen und zugleich den Buch-Titel finden.

Immerhin brachten mir diese Wettbewerbe zwei Urkunden und zwei Buchpreise ein. Einiges mehr gewann ich im Sport. Doch wichtiger blieb das sprechend »Erkämpfte«.

Albritton

Genauso könnte ich diesen Abschnitt »Johnson« überschreiben. Beide Namen stehen für mein kurzes Hochspringerleben, und beide sind für mich unvergeßlich. Cornelius Cooper Johnson gewann 1936 bei den Olympischen Sommerspielen in Berlin die Hochsprung-Goldmedaille mit 2.03 m. Sein Landsmann David Albritton schnappte sich mit 2.00 m die Silbermedaille. Der Name Albritton war für mich der auffälligere, und deshalb steht er hier für das Geschehen. Beide Amerikaner »rollten« über die Latte. Etwas total Neues, Überraschendes und Revolutionierendes. Bis dahin sprangen alle einen Scherstil. Davon gab es x Varianten. Jeder Hochspringer zimmerte seinen persönlichen.

Ich kam damit als Zehnjähriger über 1.20 m. Im Olympiafilm erlebte ich dann diese verblüffende Demonstration der Berlin-Gewinner. Fortan versuchte ich auch, dieses »Rollen« in den Griff zu kriegen. Mit Hilfe meines Sportlehrers und Trainers Heinrich Schümann gelang es. Schümann gehörte in den zwanziger Jahren zu Deutschlands besten Stabhochspringern, und er war ein vorzüglicher Turner. Was er uns speziell am Reck zeigte, quittierten wir mit Hallo und Donnerwetter. Mit vierzehn Jahren langte ich bei 1.50 m an, und als Sechzehnjähriger, kurz bevor andere Ereignisse böse Wenden schafften, kam ich noch auf 1.68 m.

Neben Hochsprung trainierte ich Diskuswerfen. Für diese urklassische Disziplin war ich eigentlich zu dürr, aber Richard Heintke, der Übungsleiter, meinte, jetzt ist Technik wichtig, und dicker wirst du eines Tages von selbst. Na gut. Richard war und ist ein prima Mann, der mir und anderen Cottbuser Leichtathleten vieles beibrachte. Auch jetzt, mit über neunzig Jahren, geht er zu den Sportfesten, und wenn wir uns beim German Meeting in Cottbus sehen, jedes Jahr im Juni, gibt es ein herzliches Umarmen. Solche Männer, Frauen und Männer, die ganz unten, in den kleinen Vereinen Hilfe leisten, ihr Können und Wissen an die Jüngsten weitergeben, sind die eigentliche Seele des Sports. Und schade, daß man dies heutzutage kaum noch entscheidend würdigt.

Mit Richard und anderen der Gruppe reiste ich nach Forst und Guben, startete in Sorau und Sagan, in Senftenberg und Frankfurt/Oder und als Höhepunkt bei den Landesmeisterschaften im Potsdamer Luftschiffhafen-Stadion, wo ich später viele Weltklasseleute kennenlernte und deren Siege und Weltrekorde kommentierte. In der Gruppe herrschte meist beste Stimmung, und wir lernten Disziplin, Zuverlässigkeit und Kameradschaft. Daß uns Richard damit vom Rauchen und anderem Blödsinn fernhielt, muß jeder im nachhinein noch ganz besonders danken.

Das war eine Zeit, in der ich nachts Spezielles träumte. So lief ich durch die Luft … Ja! Richtig gelesen. Ich träumte die Weitspringerluftschritte, die ich in der Wochenschau gesehen hatte, und dabei landete ich immer weit hinter der 7-m-Marke. Nächste Nacht rollte ich über 2 m. Das war der Traum meiner Träume. Deutschlands bester Hochspringer, und dann …

Gustav Weinkötz aus Köln hielt den Rekord mit exakt 2.00 m, und er hatte das 1937 in München noch mit der Schere geschafft. Der Weltrekord stand damals bei 2.11 m, und den fixierte Lester Steers, USA, »gerollt«. Also, warum nicht?

Tja, doch dazu hätte sich vieles ganz, ganz anders ergeben und vollziehen müssen.

In dieser Albritton-Zeit verzettelte ich mich allerdings. Zum Hochspringen und Diskuswerfen kam noch das Fußballspielen. Cottbus und Fußball, das gehörte immer zusammen, und in dieser Zeit waren neben 98 Cottbus und 97 Cottbus, die jetzt also hundert werden, Wacker Ströbitz, Union, Viktoria und Friesen die populärsten. Zeitweilig spielte der CSC Friesen auch in der Gauliga Berlin-Brandenburg mit, und dadurch sah ich Hertha und Wacker 04, den BSV 92 und Tennis Borussia ... Zehntausend säumten schon damals das Spielviereck an der Dresdner Straße, und meist gehörte ich – allerdings illegal – dazu. Wir hatten uns ein Zaunloch gebuddelt, das wir die Woche über mit Grasklumpen tarnten. Sonntags krochen wir dann durch und bestaunten die Einheimischen von Mittelstedt bis Dommaschk, von Koal, Wraßmann bis Leutert und Helmchen. Als Schülerspieler durften wir dann Balljungen sein und warfen den Großen mit Riesenrespekt die Aus-Bälle zu. Auch beim Gastspiel des Deutschen Meisters DSC, des Dresdner Sportclubs. Daß ich dabei »Vorlagenwerfer« für Torwart Willibald Kress, für Helmut Schön, den späteren DFB-Auswahltrainer, und »König« Richard Hofmann wurde, zählt zu den allerstärksten Eindrücken.

Meine eigenen Kickervorstellungen müssen wohl nicht so eindrucksvoll gewesen sein. Ich wurde auf vielen Positionen getestet. Mal überraschte ich als Mittelstürmer, weil ich lang und steif wie eine Fahnenstange ein paar Flanken oder Eckbälle mit dem Kopf erwischte und die anderen »Tor« schreien konnten. Für vierzehn

Tage galt ich dann als toller Kopfballspezialist, um nach Pleiten ebenso schnell verdammt zu werden. Das alles weckte frühzeitig in mir den Verdacht, der sich später bestätigen sollte. Wer in diesem Spiel alles ernst nimmt, ist selber schuld. Vor allem hing mir auch an, bei Zweikämpfen zu kneifen, nicht »die Knochen voll hinzuhalten«. Mit dieser Entdeckung lagen die Kritiker und Übungsleiter wohl nicht schief.

Bei der Leichtathletik fühlte ich mich immer besser aufgehoben, und da genoß ich auch einigen Erfolg. Zusätzlich kam ich in allerersten Pressekontakt. Unsere Heimatzeitung war in diesen Jahren der »Cottbuser Anzeiger«. Deren Redaktion befand sich in der Bahnhofstraße, und wenn ich dort vorbeipilgerte, las ich in den großen Schaukästen Sportberichte. Beim Schulsport warf ich, übrigens hinter der jetzigen Energie-Stadiontribüne und direkt vorm Spreeufer, mit 100-m-Schlagball Altersrekord. Ein Klassenkamerad überzeugte mich, das muß in die Zeitung. Wir verfaßten beide einen knappen Bericht, natürlich mit meinem Namen als »Rekordinhaber«. Wir trauten uns aber nicht, diese Artikel-Erstgeburt zu unterzeichnen. Abends warfen wir den Ur-Bericht in den dicken Redaktionsbriefkasten. Da wir zuhaus keinen »Cottbuser Anzeiger« besaßen, mußte ich in den folgenden Tagen immer wieder am Schaukasten vorbeischleichen, um zu gucken, kommt der Bericht oder kommt er nicht … Er kam nicht. Wer weiß, warum. Meine Enttäuschung war aber ziemlich groß.

Pimpfe

Nun wird mir ziemlich übel.

Um allen mörderischen Schwachsinn der Nazis nie zu vergessen, muß ich einiges rekapitulieren. 1943, als wir Fünfzehnjährigen noch martialisch Pimpfengesänge schmetterten, verräterische Lieder, wonach »die Fahne mehr ist als der Tod«, und allen Nichtdeutschen gedroht wurde, »Heute gehört uns Deutschland und morgen die ganze Welt«, 1943 also, brüllten deutsche Männer, Erwachsene, im Berliner Sportpalast auf Goebbels' Wahnsinnsfrage »Wollt ihr den totalen Krieg?« ihr selbstmörderisches »Jaaa«! In Stalingrad endete die furchtbare Umklammerungsschlacht mit dem deutschen Fiasko. Und, auch so etwas vergißt man nicht, erstmals beriefen die Nazis Schüler zum Luftwaffenhelferdienst.

Obwohl sich der von Deutschland angezettelte Eroberungs- und Vernichtungskrieg längst zum mit Opfern übersäten Rückzugsmarsch aller deutschen Truppen gewendet hatte, hörten wir in der Schule tagtäglich weiter Ruhmesgeschichten und Aufmunterungsparolen. Doch manches veränderte sich. Neben der Schultafel hing seit Kriegsbeginn eine große Europakarte. Dort mußten wir jeden Tag nach den Sondermeldungen des Reichsrundfunks bunte Stecknadeln pinnen. So blickten wir jede Stunde auf das großartige Stecknadelgemälde, das bewies, wo unsere Soldaten überall stehen, wie weit es Kriegs-Deutschland schon gebracht hatte. Von der Normandie bis vor Moskau, von Afrika bis an den Nordpolrand, Deutschland, Deutschland über alles …

Wir galten als die Zukunft dieses Deutschlands, und

unsere nächste Zukunft sollte sein, auf dem »Feld der Ehre« neue Taten zu vollbringen. Dem widmete sich auch das Erziehungsmotto: Seid schnell wie Windhunde, zäh wie Leder und hart wie Kruppstahl. Das wurde uns eingeimpft bei Schulapellen, Jungvolk- und Hiltlerjugend-Aufmärschen, und Redner wiederholten es gebetsmühlenartig bei jeder Gelegenheit. Es tönte aus dem Radio. Es stand in den Zeitungen. Sport, gewöhnliches Sporttreiben priesen Ideologen als beste Vorbereitung für den Waffendienst. Als allerbeste die durch den Leistungssport. Krönend, so lautete eine logische Fortsetzung solcher Menschenverachtung und Menschenfeindlichkeit, sei der Jünglingstod fürs Vaterland.

In »Olympische Flamme. Das Buch vom Sport«, 1942 herausgegeben, ist nachzulesen, was unmißverständlich schon der Philosoph Maurice Maeterlinck in die Welt setzte: Krieg sei »der vornehmste, der ursprünglichste Sport«, »der Sport par excellence«. Nun wurde das variiert, auch mit dem Hinweis auf den Spartaner Tyrtaios, der Verse schmiedete wie die folgenden: »Schön ist der Tod, wenn der edle Krieger im vordersten Treffen für das Vaterland ficht und für das Vaterland stirbt.« Jetzt, im Nazi-Krieg, wurde empfohlen, Sportregimenter zu gründen und gemahnt: »Es gilt also nicht nur, sportlichen Geist zu erzeugen, sondern auch solche sportlichen Leistungen zu entwickeln, die unmittelbar kriegsnützlich sind.«

Bevor mir bei diesen Erinnerungsstücken gänzlich miserabel wird, noch dieses, was in der Dokumentation der Deutschen Sportschule Köln – verfaßt 1995 – auf Seite 22 als Bemerkenswertes aus dem »Reichssportblatt« vom 20. Januar 1940 zitiert wird: »Wer wollte schließlich daran vorbeigehen, daß in den Leistungen der Fallschirmtruppen ein Stück sportlich-turnerischen Wagemutes steckt, und wir wissen, daß es kein Zufall war, wenn unter den mit höchster Auszeichnung Bedachten sich der Olympiasieger Schwarzmann befand. Das ist wie ein Symbol für das junge Geschlecht: Olympiasieger und Held im ernsten Kampf zugleich … So kam es im Sturmlauf durch Polen, Norwegen, Holland, Belgien und Frankreich, zum Siegeslauf in ein besseres Europa.«

Das junge Geschlecht, das waren wir, vorgesehen als frisches Kanonenfutter. Zum Kotzen, Herr Major! Dies und vieles andere ähnlicher Haltung ist Schwarz auf Weiß zu lesen. Der Mißbrauch hatte Methode. Übrigens immer und überall.

1944 landeten die Alliierten in der Normandie. Wieder hätten Stecknadeln im Papierkorb verschwinden müssen, wäre der faule Zauber nicht inzwischen schon entfernt. Wir lernten weiter. Wir trainierten immer noch. Doch irgendwie fühlten wir auch, es liegt nicht nur Schlimmes in der Luft, zumal Luftschutzsirenen immer öfter heulten, sondern da kommt auch Schlimmes auf jeden von uns direkt zu.

Ostwall

Mich schickte man zunächst aber zu einem Hochspringerlehrgang auf die Reichsakademie für Leibesübung in Berlin, direkt neben dem Olympiastadion. Abgesehen davon, daß ich dieses echt deutsche Wort »Leibesübung« zum ersten Mal wahrnahm, ging es dort spannend zu, und ich kam auch mit leicht stolzgeschwellter Brust zurück. Ich durfte jetzt am Trainingsanzug ein spezielles Wappenzeichen mit den bekannten Nazi-Insignien tragen, und beim nächsten Lausitzer Wettkampf wurde ich bestaunt. Mitten im Sommer 1944 reiste ich zu einem Trainingslager im Bayerischen Wald. Alles war von trügerischer Ruhe, als ob ringsherum nicht fortwährend Schreckliches passierte. Im Arber-Camp erhielt ich noch neue Spikes und fuhr einigermaßen zufrieden nach Hause. Bei der Fahrt wurde mir jedoch mulmig. Mehrmals streiften bewaffnete uniformierte Kontrolltrupps durch alle Abteile. Entlang am Schienenweg bis Berlin und dann weiter nach Cottbus tauchten ganze Kompanien und Panzerspähwagen auf. Was war los? Zuhaus hörte ich, es gab ein Attentat auf Hitler. Es war der 20. Juli. Gleich darauf setzte sich die rumorende Unruhe fort. In der Schule und von der Jungvolk- und HJ-Führung erhielten wir nun das Kommando: ab zum Ostwallbau.

Was? Ostwallbau? Wo? Und wie? Und vor allem, warum?

Ja, es trieb zum Absurden. Völlig Sinnloses geschah. Ich war sechzehn. Mit Gleichaltrigen und Jüngeren verfrachtete man mich ins sogenannte Westpreußische, jenseits der Oder. Dort, zwischen männerverlassenen Dörfern und auf Feldern, die schon nicht mehr richtig bestellt wurden, in schütteren Kiefernwäldern, campierten wir in Zelten oder Scheunen. Mädchen, ebenso abkommandiert und fern der Heimat, mußten mit den Dorffrauen in Gulaschkanonen oder Waschküchen unser Essen bereiten. Wir schippten von früh bis spät. Abends kontrollierte ein Chef, wieviel wir geschafft hatten. Nach von »Fachleuten« entworfenen Skizzen bauten wir einen kilometerlangen Wallabschnitt aus Sand und dürftigem Knüppelholz. Der Graben war zirka drei Meter breit und zwei Meter tief. Ich lernte dabei auch das Wort »faschieren« kennen. Wenn ich bis dahin nicht begriffen hatte, was sich seit 1939 tat, wohin der Krieg führte und was daraus werden konnte, hier ging mir ein Licht auf.

Am 22. Juni begann die Rote Armee bei Witebsk eine gewaltige West-Offensive. Jeden Tag rückten die Divisionen zig Kilometer vor. Und dieser Ostwall sollte das Bollwerk sein, das T 34-Panzer zum Scheitern bringt? Das konnte doch nicht sein … Immer wieder waren uns Westwallbilder gezeigt worden. Betonierte Bunkeranlagen, Stacheldrahtverhaue mit speziellen Hindernissen. Und hier sollte der Kinderwall dem Krieg die Wende geben? Nächtelang bohrte es in meinem Kopf.

Dann, zuhaus, fragte ich die Älteren. Deren Antworten begannen meist mit »Pst«, »Vorsicht, sprich leise …«.

Jetzt war klar, es geht dem Ende zu. Und wir sollten noch als letzte Dumme ins Feuer. Amtlich verlautete das in einem Regierungserlaß vom 25. September 1944: alle männlichen Bewohner vom 16. bis 60. Lebensjahr würden komplett zum Wehrdienst erfaßt.

Na dann, gute Nacht.

Schwein

Glück? Ja, so könnte ich das auch benennen. Nur, Glück klingt zu fein, zu nobel, zu gut für alles, was passierte. Es war – im Klartext – eine Sauerei, und der entkommen zu sein, bedeutet »Schwein gehabt«.

Andere meiner Generation und ganz besonders viele Ältere hatten kein Schwein. Sie sind nicht glimpflich davongekommen. Für zu viele gab es kein Zurück aus dem Krieg, den Nazi-Deutschland über Europa brachte.

Wir, beim Ostwallbau mißbraucht, erhielten nun Kommandos für »höhere Weihen«. Die nächste Idiotie-Station hieß RAD, Reichsarbeitsdienst. Wir Sechzehnjährigen durften jetzt die Vorkriegs»kunst« des Spatengriffekloppens kennenlernen.

Mit unseren Pappkartons konnten wir zur Begrüßung gleich vom Dorfbahnhof Prittisch – irgendwo in Wartha-Nähe zwischen Landsberg und Schwiebus –, über gefrorenen Novemberacker ins Lager robben. »Hallo, da sind ja die Herren Pennäler! Herzlich willkommen, ihr Klugscheißer«, ließen sich sogenannte Ausbilder hören, und auf dem Niveau verliefen die nächsten Wochen bis in Weihnachtennähe 1944.

Wieder zuhaus, erwartete mich die »endgültige Einberufung«, wie es im heeresamtlichen Deutsch hieß. Dem ging Entscheidendes voraus: Pflichtvorstellungen im Wehrkreiskommando. Vater und Freunde hatten vorgewarnt: Du mußt ganz stur bleiben. Sag, du willst mal zur See fahren, dein Traumberuf sei Kapitän. Nur so besteht eine winzige Chance, daß sie dich nicht zur Infanterie oder gar zur Waffen-SS einziehen … Es gelang, Vater sei Dank, dem Himmel sei Dank!

Gerade siebzehn geworden, folgte ich also dem nächsten Befehl. Ich hatte es auf dem Papier: »Sie sind als Freiwilliger zur Kriegsmarine einberufen und melden sich in der Prinz-Eugen-Kaserne von Stralsund-Schwedenschanze.« Am 4. Januar 1945, früh um vier Uhr, brachte mich mein Vater zum Bahnhof. Heute, da ich in jeder Weise mit dem Hintern im Trockenen sitze, kann ich leicht kommentieren. Ja, das war »Bonjour Tristesse«-Stimmung. Dabei ging mir – und ich bitte, ausnahmsweise einmal Lanzerdeutsch zu gestatten – die Muffe. An uns, in uns kroch Kälte hoch. Im Zug verteilten sich nur zwanzig, fünfundzwanzig Leute. Die Hälfte davon Uniformierte, Kriegsurlauber, die zurück mußten, oder andere, die wie ich noch kurz vor Kriegsende den völlig überflüssigen Kommandierungen gehorchten. Lange blickte Vater dem Zug hinterher. Mir war zum Heulen.

Stralsund entpuppte sich als Blitzzwischenstation. In größerer Gruppe rollten wir von der Ostseeküste sofort weiter in Richtung Norden. Flensburg-Mürwick und die Marineschule wurden Station Nummer zwei. Dort erhielten wir alle möglichen Marine-Utensilien. Dann: Station drei – List auf Sylt.

Ganz oben, im höchsten Norden der heutigen deutschen Luxusinsel, steht noch immer die Kaserne Möwenberg. Die Inselnasenspitze ragt dort bereits ins Dänische. Hier blieben wir vier Monate. Die Tagesablaufhöhepunkte sind mir unvergessen. Zuerst die Märsche. Für die Ausbildenden gehörte das zum Dauerbeweis ihrer Wichtigkeit. Schikanieren sahen sie als Erziehungsmittel. Erziehen? Wozu eigentlich noch, für wen?

Beim Einteilen der Züge, verbunden mit der Waffenausgabe, verzapfte ich einen Fehlgriff. In der dauerhaften Flüsterpropaganda, die sicherlich so und ähnlich alle Heere der Welt mitbeherrscht, hörte ich: Die Längsten sind immer die Doofsten. Die kriegen die MGs, die Maschinengewehre, zum Schleppen ... O je, dachte ich, auf keinen Fall beim Aufstellen und Abzählen Allerlängster sein. Ich drückte mich auf Platz zwei. Das war nicht besser. Schütze eins bekam das MG und Schütze zwei, ich, die Munition aufgehalst. Den dicken Tragegurt mußte ich über beide Schultern legen, und an den Armen herunter, bis etwa in Kniehöhe, hingen die metallenen Munitionskästen. Nach wenigen Tagen zeigte sich eine interessante Blaufleckenlandschaft. Dazu kamen die »Knobelbecher«, die ich schon beim Ansehen haßte, und darin die Füße in Fußlappen eingepackt. Nach einer Woche drückten überall dicke Blasen. Bei jedem Schritt. Und jeden Tag, häufig auch nachts, standen bis zu 50-Kilometer-Märsche auf dem Programm, die uns wohl für den Endsieg stählen sollten. Höhepunkt, speziell auch kultureller, wurden die Gesangseinlagen unter Gasmaskeneinsatz. Wir grölten, weil es die Maate und Obermaate hören wollten: »Die blauen Dragoner, sie reiten ...« oder »Wir lagen vor Madagaskar und hatten die Pest an Bord ...«

Wer sich heute, wohlgenährt, gutgebräunt und hoffentlich mit angenehmer Nachbarschaft zwischen List, Kampen und Westerland vergnügt und Inselsand durch seine Hände rieseln läßt, müßte noch immer unsere Kriegsdienstlerschweißtropfen riechen.

Unsere zweite Hauptaufgabe hieß Bunkerwachen. Direkt am Meeresufer waren Kampfschwimmer einquartiert. Gespräche mit diesen Haudegen wurden uns untersagt. Hinter vorgehaltener Hand tuschelte man sich zu, die sind von der 33. Schiffsstammabteilung, was soviel wie Strafkompanie bedeutete. Den Kampfschwimmereinsatz bot man den Navy-Oldies und Knackern – wie es hieß – zur Bewährung. Dabei bedeutete das, wenn sie tatsächlich ihrem Kampfauftrag folgten, also, in Hafennähe von Schleichbooten abgesetzt wurden und Sprenghaftladungen an gegnerischen Schiffen anbrachten, nichts anderes als hundertprozentiges Himmelfahrtskommando. Schoben wir vor den Bunkern die »Samoa«-Wache – wie es der Geheimjargon bezeichnete –, zwinkerten uns die Knacker manchmal zu: Morgen geht's los. Macht's gut, Kinder …

So verstrichen Januar, Februar, März, April. Anfang Mai zuckelten wir zurück aufs Festland. Immer wieder marschierte Angst mit: Wo wird es hingehen? Bloß jetzt nicht noch irgendein Himmelfahrtskommando für uns, Fronteinsatz … Das »Insel-La-Paloma-Adé« wurde von Tieffliegerangriffen untermalt. Spitfire und Hawkins schossen über uns hinweg, und wir verkrochen uns an Bahndämmen oder im dürren Unterholz. Als zum allerersten Mal MG-Salven über unsere Köpfe zischten – das Geräusch werde ich nie vergessen – machte ich mir in die Hose. So schnell wie nötig konnte ich überhaupt nicht handeln. Andere erwischte es schlimmer.

Mitte Mai ging aller Spuk endlich, endlich zu Ende. Wir gerieten – wie man es amtlich nannte – in britisch-kanadische Gefangenschaft und hausten monatelang zuerst in Zelten auf der Insel Nordstrand, später in Büsum. Klar, das war wenig komfortabel, aber gemessen an anderen, die es jahrelang in belgische Bergwerke verschlug, konnte ich wieder einem glücklichen Zufall danken. Wenn auch total verlaust und vorerst nur bei Brennesselsuppe und trockenem Brot, kamen wir vergleichsweise gut über die Runden. Ich lernte, eben echt deutscher Jüngling, aus dem bis dahin im Tornister mitgetragenen Reclam-»Faust«, von der Zueignung über den Prolog im Himmel, Faustmonologe und speziell die Schüler-Rollen-Texte auswendig und dachte ans mögliche Morgen.

Eines stand fest: Ich will Schauspieler werden. Aber wie? Und wohin? Fragen und – wie so oft im Leben – Luftschlösserbau.

Beim heutigen Schreiben über diesen Lebensabschnitt muß aber unbedingt folgendes heraus: Noch immer lebt in mir unverändert und ständig neu aufgebaut ein gewaltiger Frust. Nicht nur, was direkt mit Krieg und Gewalt zu tun hat, ist mir zutiefst zuwider, sondern jede Art Waffenherstellung, Waffenhandel, Verdienen am Menschenmorden, wo auch immer auf dieser unbefriedeten Welt.

Unbesiegt lebt in mir eine Utopie: Menschen könnten vernünftiger und friedlicher werden. Und größer, viel, viel größer als alles, was mir der Sport, die olympische Idee später gaben, bleibt der naive, herrliche Traum: Es ist Krieg, und keiner geht hin.

Nachhause

Jack Londons wohl bekannteste Bücher sind »Abenteuer des Schienenstrangs« und »Lockruf des Goldes«. Nur das eine konnte ich, wenigstens probeweise, nachvollziehen. Das Abenteuer des Schienenstrangs. Was mich lockte, war ein Ruhepunkt im Nachkriegschaos. Gold oder mindestens Goldiges konnten wir da aber nicht erwarten.

Meine Gefangenschaftspapiere gaben an: aus der Navy nach Hamburg entlassen. Neben meinem Fingerabdruck stand, ich wäre frei von ansteckenden Krankheiten, mein Tauglichkeitsgrad sei weiter »KV«, was ich merkwürdig fand, denn »KV« bedeutete »kriegsverwendungsfähig«. Als Beruf war Schüler vermerkt, und ich unterschrieb auch, ohne Kind zu sein, nochmals Wehrsold und eine Kleiderkarte erhalten zu haben, wobei letzteres für die Lebenspraxis ohne Bedeutung blieb. Alles war in Krakelschrift von einem Major R. A. mit der Comanding-Nr. 56 unterzeichnet. Okay. Ich war also frei. Eigentlich vogelfrei, denn wohin sollten mich die Winde wehen?

Hamburg, im britischen Besatzungsgebiet, konnte nur Entlassungsort für mich werden, weil dort mein Lagerfreund Walter zuhause war und ich dessen Adresse angab. Die Alliierten entließen generell nur in ihr Besatzungsgebiet. Bei Walter traf ich für drei Tage ein. Er zeigte mir den Hafen, führte mich, das Greenhorn, durch St. Paulis Herbert Street, zum Millerntor und Rothenbaum. Ich konnte mich sattessen und wieder im richtigen Bett schlafen. Zum Abschied, der übrigens bis nach der Wende, 1991, dauerte, schenkte mir Walter noch Hemd und Hose. Alles verstaute ich im Seesack, und mein Abenteuer auf Schienen konnte, mußte beginnen.

In einem Lager in Schleswig-Holstein hatte ich auch Michael wiedergetroffen. Der war ein Jahr älter und in Cottbus mein bester Schulfreund. Michael gab die Parole Hoffnung aus: Wir starten gen Süden. Dort, im Bayrischen, lebe ein Onkel, und dessen Bauernhof sollte unser Ziel sein. Vielleicht könnten wir dort solange bleiben, bis es möglich würde, nach Cottbus heimzukehren.

Hamburg–Schwebenried, das dauerte über eine Woche. Wer jemals auf Güterzügen »reiste«, weiß, wovon ich spreche. Im Frühling 1946 brausten keine gefährlichen Stürme über Deutschland hinweg, und es gab auch keine Schnee- und Frostrückfälle. Dennoch, wir froren jämmerlich. Ob wir auf Kohl- oder Runkelrüben lagerten oder pennten, immer fegte kalter Fahrtwind über uns hinweg, und weil wir deshalb abduckten, verdreckten die ramponierten Klamotten immer mehr. In Kassel griff man uns auf. Eine Patrouille führte uns mit anderen zu einem riesigen Betonbunker hinterm Bahnhof. Nach Legitimierung und Entlausung durften wir übernachten und heißen Tee trinken. Über wieviele »Umsteiger« die Tortur-Tour weiterging, weiß ich nicht mehr genau. Doch eines Tages landeten wir im Fränkischen Karlstadt, nicht weit von Würzburg entfernt. Den Kilometerrest nahmen wir frei nach der Melodie »Das Wandern ist des Müllers Lust« unter die lädierten Stiefel.

Schwebenried. Was weiß ich noch? Michaels Onkel und die anderen Verwandten nahmen uns freundlich auf. Wir hatten ein Dach überm Kopf, zu essen und zu trinken. Dafür halfen wir bei der Frühjahrsbestellung, mal auf dem Acker, dann auf Wiesen und Weiden und im Stall. Eine kleine Freundschaft mit einer Dorfschönen brachte Unruhe. Erste Unruhe. Wir waren Fremde und nur auf der Durchreise. Und wir waren Preußen. Saupreußen? Nein. Wenigstens ließ man uns nichts spüren. Aber Preußen, das hieß auch Protestanten. Jedenfalls ich war noch einer. Und das alles zusammen nun im katholisch-schwarzen Franken-Bayern … Das konnte kaum lange gut gehen.

Tagelang, nächtelang diskutierten wir über Gott und die Welt, über alles, was bis zu den Einberufungen zuhaus geschah, mit unsern Eltern, speziell mit den Vätern. Was die Nazis anrichteten. Wer, wenn überhaupt, dagegenhielt. So bahnte sich, tja, der Ausdruck stimmt, Revolutionäres an: Wir gehen in die KPD! Und zwar hier, in Bayern. Schluß mit dem Beschiß! Schluß mit Krieg und Menschenhaß! Wir wollen Frieden und Arbeit, und wir setzen auf die, die den Nazis am stärksten widerstanden.

Gedacht, getan. Eines frühen Sommertags, im Juni 1946, marschierten wir wieder in die nächste Stadt, nach Karlstadt. Nach Karl dem Großen benannt, gehört sie zu Unterfranken und liegt auf dem rechten Main-Ufer. Vielleicht lebten damals an die zehntausend Menschen in dem idyllischen Ort.

Wir kannten keinen dort und sahen selbst wohl ziemlich abenteuerlich aus. Über mehrere Stationen fragten wir uns durch, und tatsächlich, wir fanden das Sekretariat der Kommunistischen Partei im Stadt- und Landkreis Karlstadt. Keine Ahnung, wer uns da gegenübersaß. Ein Mann mittleren Alters, der uns sehr alt vorkam, der freundlich zuhörte und uns zwei Aufnahmeformulare über den Tisch schob. Wir unterschrieben und waren zehn Minuten später wieder auf der Straße. Wer weiß, ob wir die einzigen waren, die an jenem Tag ein solches Ansinnen stellten. Die einzigen in der Woche, in dem Monat des Sommers 1946 …?

Heute wissen wir, als 1990 die DDR und mit ihr die SED von der Geschichte an- und ausgezählt wurde, besaß diese Partei über zwei Millionen Mitglieder. In Karlstadt 1946 wußte ich weder etwas vom Kommunistischen Manifest noch von Karl Marx, Engels, Bebel, Liebknecht, Luxemburg, Lenin … Alles bedeutete für mich ein Lebensbuch mit sieben Siegeln. Später gingen mir Lichter auf, und auch der zunehmend schwelende Qualm war zu riechen. Ich las Bismarck und sein »ein großer Staat regiert sich nicht nach Parteienansicht« (1867), und Liebknechts Bemerkung auf dem Halleschen Sozialistentag 1890: »Wer sich nicht der Partei fügt, fliegt hinaus!« Ich suchte den Sinn von »Die Partei, die Partei, die hat immer recht«, und ich sinne noch heute über Romain Rollands Gedanken: »Der Staat ist nicht das Vaterland. Er ist nur dessen Verwalter, ein guter oder schlechter, je nachdem; aber immer fehlbar.« Zweifel, die mich durchs Leben begleiteten. Bis heute. Fest blieben nur Ziel und Hoffnung: die Welt muß von Kriegen und alltäglicher Gewalt befreit und sozial gerechter, viel gerechter werden.

Hier und nun zeigte sich, ja, die Welt ist klein. Besonders in kleinen Städten und kleinen Dörfern, besonders im Bayrischen. Es wurde unruhig, weil »Rote« unter uns sind.

So begann der Rest der Reise. Zum Glück erreichte mich aus Cottbus nicht nur die Meldung, die Eltern lebten, sondern auch, daß die Einreise ins Sowjetische Besatzungsgebiet möglich sei. Vom Westen, der noch nicht der goldene war, trampte ich in den Osten. Man klopfte mir zum Abschied auf die Schultern und wünschte für den Gruseltrip alles Gute. Für Michaels Onkel und alle Schwebenrieder war klar, der will nach Vorsibirien. Ich sagte »Danke«, denn man hatte uns geholfen.

Wieder abenteuerliche Wege. Wieder über eine Grenze, die noch die grüne hieß, wieder in ein Lager, das ein Quarantänelager war, wieder Papiere, wieder Fingerabdrücke, Stempel, Unterschriften. Dann die Schlußetappe. Von Hoyerswerda in Sachsen nach Cottbus.

Wieder zu Hause, nach anderthalb Jahren.

Schauspieler

»Dem Mimen flicht die Nachwelt Kränze«, behauptet Schiller, um fortzufahren, »drum muß er geizen mit der Gegenwart, den Augenblick, der sein ist, ganz erfüllen.« Wer getraut sich schon, Schiller zu widersprechen?

Dennoch: Ich flechte allen Mimen allzu gern und immer meine kleinen Kränze. Jeden Schauspieler verehre ich, und nicht nur die Großen. Alle überall verlangen Respekt. Was das Schauspielersein am kleineren Theater bedeutet, lernte ich selber kennen. Manche geben dort ihr Herzblut ein Leben lang. »Hamlet« will überall geleistet sein, ob in Berlin oder Wien, in Annaberg-Buchholz, Neustrelitz oder Senftenberg.

Meine Karriere blieb kurz, aber sie war wichtig. Bevor ich jemals daran dachte, Sportreporter zu sein, peilte ich voller Lust und Überzeugung diesen Beruf an.

Den ersten Stachel, ich schrieb schon davon, setzten meine Deutschlehrer. Oben, unterm Theaterdach hockend, und unten, auf der Bühne, Maria Stuart und Elisabeth, Faust und Mephisto beobachtend, lebte ich für Stunden in einer anderen Welt. Mit vierzehn, fünfzehn, sechzehn, bis mir Arbeitsdienst und Barras in die Quere kamen, versuchte ich möglichst viel zu sehen und zu erleben, was nach dem Portemonnaie möglich war. Ich fand aber auch Sponsoren, meist Sponsorinnen, die mich als Begleiter brauchten, so ergänzten sich Interessen. Bald kannte ich die meisten Besetzungszettel auswendig, und nach der Vorstellung lauerte ich am Bühnenein- und -ausgang, um den verehrten Akteuren kurz nahe zu sein.

Kurzum, ich fühlte mich zu dieser Zauberwelt besonders hingezogen und war auch überzeugt, dort der richtige Mann zu sein. Als die Chancen wuchsen, aus der Gefangenschaft entlassen zu werden und ins richtige Leben zurückzukehren, kam für mich nur eins in Frage, jetzt irgendwo und irgendwie ans Theater zu gelangen. Das löste eine verrückte Aktion aus. Alles Geld, das ich hatte und von Lagerfreunden hinzupumpte, steckte ich in eine Bewerbungsoffensive. Zirka zwanzig deutsche Theater erhielten meine Briefe. Inhalt: Ich bin der und der, achtzehn Jahre alt, bitte um ein Vorsprechen und, schön wär ein Anfänger-Engagement, und nach Möglichkeit, die Ausbildung an einer angeschlossenen Schauspielschule.

Bald merkte ich, alles auf einmal war zuviel verlangt. Absage auf Absage traf ein, und mein Optimismus flaute ab. Daß ich aber überhaupt so viele Antworten erhielt, betrachte ich noch heute als gutes Resultat, zumal ich später ganz andere Erfahrungen sammelte. »Nein« hieß es aus Frankfurt/Main, München, Bochum, Braunschweig, Dessau, Chemnitz, Guben …

Wieder diese Lebenszufälle: Wie wären wohl meine Wege gelaufen, hätte man mir damals in München oder Bochum, in Guben oder Chemnitz nicht widerstehen können?

Später, als klar war, ich kann nachhaus, konzentrierte ich alle Versuche auf das heimatliche Cottbuser Stadttheater. Im Herbst 1946 begann dort meine Arbeit als Schauspielanfänger und Regie-Assistent. Für diese Tätigkeit wurden mir vertraglich achtzig Mark als Monatsgage zugesichert.

Achtzig Mark. Mein erstes selbstverdientes Geld, nach Arbeitsdienst und Marine-Sold. Ich war selig. Zumindest einen Monat lang. Den hatte ich mit Vorschuß überstanden. Vorschüsse, wie ich schnell erfuhr, waren ganz und gar theaterüblich. Auch die Bestbezahlten nahmen das in Anspruch. Doch ich stand nun sofort in der Kreide, und das bei nur schwacher Aussicht, aus dem schwarzen Loch wieder herauszukommen. Ein Brot kostete auf dem florierenden Schwarzmarkt vierzig Mark. Demnach verdiente ich zwei Brote pro Monat. Daß davon keiner leben, aber auch nicht sterben konnte, wurde mir schnell bewußt. Zuerst lebten alle von den Lebensmittelkarten, und da die Besatzer Künstler und so auch alle Theaterleute bevorzugten, erhielten wir günstigere Rationen zugeteilt, von allen Grundnahrungsmitteln ein paar Gramm mehr. Was meine Mutter besonders freute. Außerdem tauschte ich meine Raucherkarten gegen Butter, Zucker oder etwas Fleisch ein. Günstig fürs Auskommen ohne überzeugendes Einkommen war sowieso, daß ich wieder bei den Eltern wohnte.

Jetzt hatten wir drei Zimmer und Küche, da Großvater Max Oertel in eine kleinere Wohnung gezogen war und uns, den Eltern, meiner Schwester und mir, die alte überließ. Drei Zimmer! Erst dachte ich, Mann, nun leben wir im Schlaraffenland. Doch die Sache hatte mehrere Haken.

Erstens waren wir nun alle älter, zweitens gab es immer noch kein Bad, sondern das mußte in der Küche miterledigt werden, drittens befand sich auch jetzt die Toilette für mehrere Mieter eine Treppe tiefer, und viertens, das war das Hauptproblem, in einem der Zimmer waren zwei junge sowjetische Offiziere zwangseinquartiert. Ich drücke mich vorsichtig aus: Es war nicht leicht, das zu verkraften, und glücklicherweise dauerte es nur ein dreiviertel Jahr.

Alles Schwierige aber überstrahlte die Tatsache, daß ich endlich am Theater war. Leider fungierte ich häufig nur als Ersatzmann. Ich studierte und probte zwar den Mortimer in »Maria Stuart«, den Schüler im »Faust«, aber zum Zuge kam immer ein Kollege, drei Jahre älter, erfahrener und, aus heutiger Sicht, bestimmt auch besser. Meine Hoffnung hieß Abwarten und, peinlich, das auszusprechen, Daumendrücken, den anderen würde ein Schnupfen, eine Heiserkeit, um Himmels willen aber nichts Schlimmes, außer Form bringen, damit ich einspringen könnte. Es passierte nie. So blieb es bei den Märchenprinzen, beim Erzengel Gabriel im Himmelsprolog zum »Faust«, beim Ullbrich in »Flitterwochen«, wobei Walter Richter-Reinick den anderen Liebhaber spielte, und ähnlichen Partien. Viel Arbeit und gewaltige Lernchancen boten aber die Regie-Assistenz, die Sprecherziehung bei Hans-Erich Korbschmidt, und ein unvergeßlicher Vorfall mit Fingerzeig fürs Leben. Wie heißt es: Nie lernt man mehr als aus Niederlagen.

Prolog

Friedrich Wolf, der Autor unter anderem von »Cyankali« und »Matrosen von Cattaro«, ließ in Cottbus sein neues Stück »Patrioten« aufführen. Welturaufführung, prangte es von den Plakaten. Wieder studierte ich eine Rolle mit, die eines jungen Mannes in der französischen Resistance, und wieder erledigte ich alle notwendigen Arbeiten der Regie-Assistenz, war »Hans Dampf in allen Gassen«. Noch heute sehe ich alles, was geschah, wie im Film vorüberflimmern. Erstmals, es war ein besonderer Theaterabend, trug ich einen guten Anzug, spendiert aus dem Kostümfundus. Der gelangte auch zu voller Geltung, weil ein Urknall-Ereignis seinen Lauf nahm. Ein Kollege brachte zirka zwei Stunden vor Beginn der Aufführung drei Seiten Papier.

»Hier, das schickt dir der Intendant. Du sollst es lernen und nachher als Prolog vortragen …«

Eine knappe Botschaft mit fatalen Folgen. Ich büffelte und büffelte. In der Garderobe, doch da war's zu unruhig. Auf der Treppe, hinter der Bühne, zwischen den Kulissen, auf der Toilette. Und je mehr die Zeit bis zum ersten Vorhang schmolz, desto stärker wuchs mein Lampenfieber. Von Minute zu Minute wurde deutlicher, der Text ist nicht zu bewältigen. Jedenfalls an diesem Abend nicht von mir. Wie ich später hörte, hatte Wolf die krause Prosa erst auf der Autofahrt von Berlin nach Cottbus verfaßt. Er schrieb es auf dem Beifahrersitz, tippte die Seiten in eine Reiseschreibmaschine, und alles beim Zuckeln über die Nachkriegslandstraßen, deren Löcherqualität meinem aktuellen Gedächtnis ähnelte.

Dann, das Theater war voll besetzt, die drei Klingelzeichen verklungen, das Saallicht erloschen, schickte mich unser Inspizient mit einem »Ab geht die Post« aus der Seitengasse auf die Bühne. Ich allein. Vor mir siebenhundert Leute. Ein Spotscheinwerfer nahm mich aufs Korn. Wie hinter einem Schleier erkannte ich in den ersten drei, vier Reihen Gesichter, und aus dem Souffleurkasten hörte ich, wie aus weiter Ferne, die Stimme Gertruds. Gertrud, einst Schauspielerin, zählte zu den nettesten Damen des Ensembles. Und auch an diesem Welturaufführungsabend gab sie ihr Bestes. Meines reichte aber nicht aus.

Was mich in der Schule und bei den Rezitatorenwettbewerben überhaupt nicht anfocht, überfiel mich nun brutal. Ich schwitzte. Ich rang nach Luft. Alle Atemtechnik-Neuerkenntnisse halfen nicht eine Minilaus. Die ersten Wolf-Sätze brachte ich noch einigermaßen über die Rampe. Gertrud warf mir dann Wörterrettungsringe zu. Ich konnte nicht einen einzigen fangen. Dafür gebar ich in der Lampenfiebernot wilde, wirre Satzerfindungen. »Frieden muß einkehren und erhalten bleiben, Widerstand war Heldentum, alle Welt muß nun zusammenstehen, Patrioten, seid gegrüßt …« Papperlapapp, Worthülsen, Abtreterdeutsch. Wolfsche Restbestände durchtränkt vom Angstschweiß eines Bühnenfasttoten.

Irgendwann brach ich ab. Aus dem Chaos flüchtend, stürzte ich in die Bühnengasse und sofort auf die nächste Toilette. Ich wußte, das ist das Ende. Das muß es sein. Morgen kriege ich die Papiere.

Doch nichts geschah. Hinter der Bühne hatte jeder mit sich zu tun. Auf der Bühne ohnehin. Aber, wo blieben der Intendant oder einer seiner Beauftragten? Wo war Wolf? Der berühmte Dramatiker, der Prologverfasser, geschändet durch mich …

Am nächsten Tag, nach einer schlaflosen Nacht, stellte sich heraus: Intendant, Dichter und der sowjetische Stadtkommandant, ein Freund der Künste und der Prozente, zechten bis zum Schlußbeifall. Doch nicht in der Intendantenloge, sondern im Büro. Wodka, Machorka und Speckbrote machten sie glücklich, während ich ums Überleben kämpfte. Nur eine Person bemerkte wirklich, was da geschah, Gertrud. Doch sie hielt dicht, was ich ihr nie vergesse. Sie gab mir auch das Unikat des Textes zurück, und ich verängstigter Dummkopf zerriß es sofort, um ein corpus delicti zu beseitigen. Vielleicht zerriß ich gar ein Stück, drei Seiten, Theaterliteraturgeschichte.

Der große und schöne Rest dieser Zeit war Spielen und Assistieren. Wir brachten »Faust« und »Revisor«, »Lulu« und »Parkstraße 13«, »XYZ« und »Carmen«, »Freischütz« und anderes heraus, und wir feierten alles, wie andere die Großen der Welt, Oscars und Theaterringe. Dabei stellte ich in unserer Stammkneipe, gleich neben dem Theater am Schillerplatz, einen bis heute ungebrochenen persönlichen Rekord auf. Nach einer Premiere verdrückte ich acht Pferdefleischbuletten und schaffte acht Bier. Ich ging zehnmal austreten und schlief nach allem sechzehn Stunden.

Lehrer

Von Pestalozzi wußte ich nur, nicht weit weg von unserer Sielower Straße im Cottbuser Norden gibt es eine Pestalozzistraße. Basedow sagte mir leider überhaupt nichts. Heute bin ich Anhänger seiner philantropischen Ansätze und Überlegungen. Und GutsMuths, tja, der war mir wohl so fern wie der Thüringer Wald. Blieb Makarenko. Der galt als der Sowjetstern unter den Neu-Lehrmeistern aller Pädagogik, und obwohl wir auch von dem nur Titel und Dogma-Thesen eingetrichtert bekamen, sollten wir nach seinem Muster lehren, jungen Nachkriegsmenschen den »Weg ins Leben« weisen. Wir, die Neulehrer. Einer davon war ich, einundzwanzig Jahre alt.

Aber richtig, bevor ich über diese, in gutem Sinne abenteuerliche Zeit berichte, steht dem Leser noch der Report über den Schauspieler-Abschied zu. Zumal Schauspieler und Lehrer wohl die gegenteiligsten Berufe sind, die es gibt. Anscheinend …

Mir dämmerte, ein Kainz oder Heinz, Rühmann oder Albers sind aus mir kaum zu machen. Möglich, daß ich zu voreilig solche Schlüsse zog. Richtig ist, ich war zu ungeduldig, wollte an Rollen heran, die ich sicherlich noch nicht können konnte und die mir mithin nicht zustanden. Also, ich litt, wie viele in dem Alter und Berufsstadium, an ausgeprägter Selbstüberschätzung. Das kollidiert natürlich mit der Chef- oder Leitungsmeinung. Und dann, ganz ehrlich, brauchte ich mehr Geld. Achtzig Mark im Monat reichten vorne und hinten nicht. Zwar stellte man mir nach vorsichtigem Fragen bald hundert Mark in Aussicht, doch ich lag Vater und Mutter auf der Tasche, wohnte und aß bei ihnen für Nullouvert. Das konnte so nicht weitergehen. Dazu gesellte sich die Flüsterpropaganda, als Lehrer erhält man zwischen dreihundert und vierhundert Mark, und das verhieß, was der Milchmann Tevje im »Fiedler auf dem Dach« singt: »Wenn ich einmal reich wär ...«

Schließlich trug zu meinem Radikalbeschluß entscheidend bei, daß ich inzwischen wieder Sportkontakte aufnahm, beim Cottbuser Fußball und Boxen alte Freunde und neue Motoren und Mentoren fand, die mich anzogen und begeisterten.

So geschah's in Senftenberg. Wir spielten Klabunds »XYZ«. Gastspiele quer durch die Lausitz gehörten zu den Aufgaben, und oft galt als Abendgage sehr Naturelles. Mit »Flitterwochen« traten wir beispielsweise in Spreewaldorten an, und einmal kassierte ich einen Korb Pilze, mal ein Stück Butter, und in Burg, ich sehe den Dorfsaal noch vor mir, brachte uns mit dem Schlußapplaus eine hübsche Sorbin Gurkengläser auf die Bühne. Nun, im Senftenberger Nachtquartier, Gorki hätte es als ideale Bühnenbild-Vorlage empfunden, beschloß ich im Freundesgespräch mit Berthold Schulze, der später unter anderem in Chemnitz, Potsdam und im DDR-Fernsehensemble spielte, ich mache Schluß. Für mich hat's keinen Sinn und Zweck. Wir diskutierten heftig bis in den Morgen, und ich weiß, Freund Berthold hat es nie richtig verstanden und blieb bei seinem Urteil, Fehlentscheidung.

Mir machte in heißester Fernseharbeitszeit noch einmal der Film- und Theaterregisseur Kurt Jung-Ahlsen ein reizvolles Rollenangebot in »Arsen und Spitzenhäubchen«. Jetzt, wo meine Lebenssonne sinkt, wo nur noch Spätherbstliches zu Gebote steht, lockt es ebenfalls manche, mich für dieses oder jenes Gastspiel zu überreden.

Damals gab es jedenfalls ein Lehrer-Zwischenspiel. Eine gute Zeit. Nützlich in einigem und bis heute lehrreich. Schüler von damals, inzwischen auch schon alle jenseits der Fünfzig, schreiben noch heute Briefe aus Mainz und Leipzig, Rostock und München. Eines wurde mir damals ganz schnell deutlich: Der flotte Spruch, Lehrer haben vormittags recht und nachmittags frei, klingt zwar gut, ist aber falsch. Schön wär's gewesen. Fortbildungen, oft an den Wochenenden, und vor allem die schriftlichen Vorbereitungen, vom jeweiligen Mentor überprüft, kosteten viel Zeit. Als dann noch die Sportaufgaben dazukamen, die Arbeit nach der Schule im Rundfunkstudio Cottbus, noch etwas später die Reportagefahrten durchs Lausitzland und die am Wochenende nach Berlin, ging es für mich fast drunter und drüber. Aber, so weit sind wir noch nicht …

Jedem Lehrer gilt meine Hochachtung. Seit ich weiß, wie das ist, nach dem »Guten Morgen« Kindern, Schülern mehr zu bieten als trockenen Stoff, sie tagtäglich fürs Leben zu begeistern, schätze ich alle Pestalozzis und Basedows.

Oskar

Meine Schüler waren in den obersten Klassen nur wenig jünger als ich. Duzen lag da nahe, doch das war strikt verboten. Da ich vorrangig Sport unterrichtete, mußte ich mit den Jungs voll mithalten. Ob beim Schulhof-Fußball oder Völkerball, wenn ich Grundbegriffe des Boxens vermittelte. Das schuf ein prima Verhältnis. Höhepunkte wurden Vergleiche mit anderen Schulen. Im Cottbuser Süden war mein Schulfreund Oskar Klose Sportlehrer, und Partien mit den Oskar-Schüler gegen Florians lagen nahe. Heiß und hoch ging's her. Dauerhafte Revanchen boten sich an. Oft wichen wir dadurch Konferenzen oder Sitzungen und Versammlungen aus. Weil Oskar Klose bei Cottbus-Ost, dem Brandenburgischen Fußball-Landesmeister, Mittelstürmer spielte, genoß er spezielle Schüler-Sympathien.

Ich will hier etwas einfügen, das Oskar Kloses Lebensweg betrifft. Er folgte mir später als Reporter von Etappe zu Etappe. Nach Potsdam, nach Berlin. Er gehörte zur Sportredaktion des Rundfunks in der Nalepastraße. Während dieser gemeinsamen Berliner Zeit, Mitte der fünfziger Jahre, observierten ihn Stasi-Leute. Oskar fuhr täglich vom Funkhaus Nalepastraße durch Westberlin nach Potsdam. Dabei traf er mit alten »verdächtigen« Freunden zusammen. Daraufhin wurde er verhört, unter Druck gesetzt, so daß er und seine Familie fluchtartig die Potsdamer Wohnung verließen, verlassen mußten, wie Oskar später erzählte. Plötzlich stand er mit Frau und Kind wieder bei Null. Nach längerem Aufenthalt in einem bayerischen Flüchtlingslager gelangte er zum Bayerischen Rundfunk. Dort, von Josef Kirmaier gemocht und gefördert, an der Seite von Sammy Drechsel, Ludwig Maibohm und anderen Reportern jener Jahre, wuchs er zu einem der Allerbesten des Bayerischen Rundfunks und der ARD. Beim 1. FC Nürnberg – wohl seine Lieblingsmannschaft, vermutlich auch, weil sie wie Cottbus-Ost in Rotschwarz spielte –, bei den Münchner Löwen und den Bayern, im Kreis der Skirennläufer, überall empfing er Respekt.

Wenn wir uns trafen, bei deutschen Eishockey-Ausscheidungsspielen in Füssen oder Garmisch, bei Aufenthalten in München, wo er und seine Familie lebten, besonders während der Olympiatage von 1972, zuletzt 1976 bei den Olympischen Winterspielen in Innsbruck, beherrschten zwei Themen unsere Gespräche. Das, was wir zur Jugend- und Lehrerzeit in Cottbus gemeinsam erlebten, und das deutsche Trennende nach der Berliner Zeit.

Im Olympiasommer 1976 schlage ich im Hotel von Montreal eine deutsche Zeitung auf und lese, Oskar Klose, gerade fünfzig Jahre alt, nach schwerem Leiden – er war krebskrank – verstorben.

Studio Cottbus

Die folgende Station gehört zu den allerschönsten, aufregendsten, spannendsten. Alles entwickelte sich zu einer Entdeckungsreise: Die neue Arbeit, die Menschen, das geheimnisvolle Haus.

Früher war dort die Freimaurerloge. Als Kinder besaßen wir nicht den Hauch von Ahnung, was sich dahinter verbergen könnte, was das bedeutet. Wir umkurvten das wuchtige dunkle Gebäude und flüsterten uns erfundene Geschichten zu.

Nun ging ich dort plötzlich aus und ein.

Ich gehörte zum lebenden Inventar. In der oberen Etage saß die Redaktion, und dort waren auch alle technischen Einrichtungen installiert. Rudi Marx war unser Cheftechniker. Der einzige, der Durchblick besaß, der alle Regler regelte und den altklapprigen, sogenannten Ü-Wagen beherrschte. Auch bei meiner allerersten Sportübertragung, dem Frauenhandballspiel Luckenwalde gegen Spremberg. Heute wieder, oder immer noch, ist dieses Haus, das Rundfunkstudio Cottbus, eine Außenstelle des Brandenburgischen Landessenders, jetzt des ORB, des Ostdeutschen Rundfunks. Wenn man so will, gehöre ich zu dessen grünspanigem, verrostetem Urbestand.

Nach meiner Premierenreportage wurde ich ins winzige Team aufgenommen. Dort genoß ich ein ideales Lehrjahr. Täglich, neben meiner Lehrerarbeit, sauste ich quer durch Cottbus ins Studio. Nach der Lehrplanerfüllung folgte die Reporter-Tätigkeit, wobei ich Mädchen, besser, Bursche für alles war.

Punkt vierzehn Uhr begann unsere einstündige Eigensendung, die den bombastischen Titel »Der Funkstrahl aus Cottbus! Zwischen Gestern und Morgen!« trug. Das konnte sich hören lassen! Ob uns wirklich jemand hörte, blieb in den ersten Monaten unklar. Unser »Strahl« träufelte nämlich nur durch ein Cottbuser Drahtfunknetz. Das bedeutete, wenn, dann hatten nur Telefonbesitzer eine Empfangschance. Mich störte das jedoch nicht. Alles, was ich machte, tat ich so eifrig, so emsig, so engagiert, als hörten uns Hunderttausende. Dann, als wir eine Wellenfrequenz erhielten, folgte auch die Resonanz. Wie seit Ur-Rundfunkzeiten, wurde sie auch von uns, es war 1949, mit Quizsendungen und mit Hörerspielen angeheizt. Nur die Preise unterschieden sich von heutigen wie Tag und Nacht. Ein Gewinngutschein für ein HO-Essen galt schon als etwas Tolles, na, und zwei Theaterfreikarten waren Spitzengewinn.

Meist sagte ich diese Stunde an. Heutige Macher werden sich sofort energisch gegen das Wort »Ansager« wenden. Jeder, der nun vorm Mikrofon sitzen darf, ist mindestens Moderator. Es ist inzwischen die meistüberschätzte Tätigkeit. Wichtigtuer aller Intelligenzgruppen machen sich breit und verbreiten dabei oft kaum mehr als warme Luft. Ihnen wird anno 1997 ein Wortanteil im Musikmeer vorgeschrieben, den jeder Zehnklässler meistert.

Frei Sprechen, frei Mitdenken waren uns Damaligen, uns Gestrigen erste Pflicht und höchster Sprecherstolz. Improvisieren war Trumpf. Das Magazin enthielt vier, fünf Wortbeiträge für die Stunde, und jeder einzelne besaß meist Drei-Minuten-Länge. Etwas vom Theater, aus der Wirtschaft und Landwirtschaft sowie vom Sport. Und das wurde zunächst rund um Cottbus, später überall in der Lausitz aufgenommen. Mit dem Hanomag knatterten wir über die Dörfer, besuchten kleinere und größere Städte, Vetschau, Forst, Luckau, Guben, Senftenberg, Lübbenau …

Dort kannte ich bald Hinz und Kunz.

So passierte es auch, daß ich oft eigene Bänder »anmoderierte«, zu den Musiktiteln, Schlagern von 1949, überleitete, Heimatnachrichten vorlas, Programmhinweise gab. Ich lernte Radioarbeit von der Pieke auf und aus dem Effeff. Die herrlichste Lehrzeit, die es geben konnte.

Allen Berufsjüngern von heute ist das zu wünschen. Doch bei späterer Lehrtätigkeit an der Leipziger, nach der Wende auch an der Berliner Universität war leider häufig das Gegenteil festzustellen. Aus der Praxis kamen kaum Lehrer, und den Studenten blieben so nicht selten Praxiseinblicke und Erfahrungen versperrt. Von Tuten und Blasen keine Ahnung, doch – um im Bild zu bleibe – später Sinfonien spielen zu wollen, geht aber nicht. Dem Ausspruch »Grau, teurer Freund, ist alle Theorie, und grün des Lebens goldner Baum …« muß wieder energischer, konzentrierter und gezielter gefolgt werden.

Masurenallee

Rita Paul, Bully Buhlan, Gloria Astor, Ingeborg Oberländer, Ilja Gluskal, Bernd Golonski – kaum einer weiß heute noch mit diesen Namen etwas anzufangen. Für mich bedeuteten sie in den ersten Nachkriegsjahren so viel wie heute für andere Udo Jürgens, Nicole, Frank Schöbel, Andrea Bocelli ... Meine Favoriten von damals gehörten zur RBT-Bigband, dem Radio-Berlin-Tanzorchester, das im Funkhaus an der Masurenallee sein Zuhause hatte. Horst Kudritzki fungierte als Bandleader, später, nach anderen, übernahm mein Spreewälder Landsmann Günter Gollasch, noch heute ein Klasse-Klarinettist, das Zepter.

RBT –, jeden Sonntagvormittag veranstaltete das Orchester im Großen Sendesaal des Berliner Rundfunk-Hauses, vis-à-vis vom alten Funkturm an den Messehallen, eine Matinee. Die wurde live übertragen, und einer der vielen, vielen Hörer war ich am noch intakten Volksempfänger meiner Eltern. Ich kannte jeden Schlager, und speziell Bully Buhlans »Verzeihen Sie, mein Herr, fährt dieser Zug nach Kötschenbroda?« oder »Ich hab noch einen Koffer in Berlin« waren meine Favoriten.

Bully Buhlan galt für ein Jahrzehnt als Urbegriff des aktuellen Radios in Berlin, und ähnliche Ränge nahmen vielleicht noch Jürgen Graf und der famose Hans Rosenthal, beide vom RIAS, ein. Meine knappen Bemerkungen deuten an, jawohl, zu dieser Zeit war was los in der Radiostadt Berlin. Und vor allem war noch nicht Einfallslosigkeit mit uniformer Berieselung auf den meisten Wellenlängen angesagt. Heute existieren zwar zig Radiosender, damals waren es maximal sechs, sieben Programme auf dem Berlin-Brandenburgischen Territorium. Doch die wenigen Sender nach dem Krieg wirkten wie ein aufgewühltes Meer, viele heutige sind dagegen eine uninteressante Wüste.

In Leipzig beim Mitteldeutschen Rundfunk gab es Ähnliches. Kurt Henkels mit seinem MDR-Orchester, dazu die Solisten Irma Baltutis und Fred Frohberg, später Alo Koll als Chef und Brigitte Rabald mit anderen, sowie der unverwüstliche Fips Fleischer und Co. bildeten gleichfalls eine Elite von Marathonformat. Wo sie auftraten, jubelten allemal Tausende. Diese Radio-Bigband-Zeiten, sind vorbei, runtergespült in den Abwässern des Kommerz.

Als mich Herbert Schmidt, der Sportabteilungsleiter im Funkhaus Masurenallee, 1950 nach Berlin holte, konnte ich mir auch diesen großen Wunsch erfüllen: RBT-Asse direkt im Sendesaal zu erleben. Das ist mir noch heute viel wert. Schmidt verfolgte meine Cottbuser und Potsdamer Arbeit, und da er Boxanhänger war, und weil es inzwischen einen Cottbuser Klasseboxer namens Hans Robak gab, der fünfmal DDR-Meister wurde, geriet das für mich zu einer glücklichen Verbindung. Aufnahmen der Robak-Kämpfe, übrigens in der Maske-Klasse, dem Halbschwergewicht, ausgetragen, gingen als Überspiele nach Berlin und von dort über die Berliner Rundfunkwellen. Das alles muß nicht schlecht gewesen sein, denn nun durfte ich jedes Wochenende nach Berlin, um für die Schmidt-Abteilung zu reportieren.

Vor allem Fußball stand auf dem Einsatzprogramm, und dadurch lernte ich noch Spreeathener Kickerurgesteine wie Hanne Sobeck, Hanne Berndt, Gerhard Graf,

Herbert Raddatz und »Schnalle« Schulz kennen. Ich schilderte Partien in Pankow-Schönholz beim VfB, bei »Eisern« Union an der Alten Försterei, im Poststadion, bei Te-Be im Mommsenstadion, bei Wacker 04 und dem BSV 92 ... Manchmal schickte mich die Redaktion auch in die Messehallen am Funkturm, und andermal schummelte ich mich mit auf einen Waldbühnenplatz, wenn Rux und Hucks, Garmeister, Pepper, Hecht und Stretz die Fäuste schwangen.

In der Kantine staunte ich, weil dort in zwei Währungen – West und Ost – zu bezahlen war, und überhaupt wurde es für mich, den Provinzler, eine tolle Entdeckungszeit. Zur Sportredaktion gehörten gute, erfahrene Leute. Nach meinen Cottbuser und Potsdamer Eindrücken sammelte ich neue. Erstes Beispiel: Helmut Hass. Er war Sprecher unserer Sendungen und ein Meister. Wie er Nachrichten las! Aus heutiger Sicht, sicher wie ein Computer, und mit geschliffener, kultivierter Stimme! In jeder Sprechergruppe dieser Jahrzehnte gehörte ihm ein Spitzenplatz. Zweites Beispiel: unsere Redakteure, Herbert Beyer und Karl-Heinz Wegner. Beide agierten in den heißesten Redaktionsstunden mit eiserner Ruhe und – auch selten geworden – freundlicher Souveränität. Oder aus anderen Abteilungen: Wenn ich Peltz von Felinau mit seinen Features hörte, kribbelte bei mir Gänsehaut. Doch zurück zu Herbert Schmidt. Immerhin gab mit ihm ein Ruderer von Format die Redaktionsschlagzahlen vor. 1936 gewann er auf dem klassischen Grünauer Regattakurs mit dem Deutschland-Achter eine Olympia-Bronzemedaille.

Einen wertvollen Höhepunkt lieferte der Redaktion, aber speziell mir, das 1. FDGB-Pokalendspiel am 3. September 1950. Im Berliner Stadion Mitte, später Stadion der Weltjugend, trafen sich die Mannschaften aus Thale und Erfurt. Weil die Partie in Berlin ausgetragen wurde, galt der Berliner Rundfunk als Hörfunkgastgeber und durfte einen Reporter stellen. Schmidt bestimmte mich. Da aber zwei Teams aus dem mitteldeutschen Raum antraten, gehörte dem MDR Leipzig die andere Sprecherposition. So lernte ich Werner Eberhardt kennen. Zum ersten Mal schüttelten wir uns die Hände. Mit 4 : 0 für Thale, das mit dem seinerzeit überragenden Torjäger Oberländer spielte, gab's ein verblüffendes Resultat. Für alle Fachleute nämlich nahm Erfurt mit seinen Spitzenkönnern Nordhaus, Müller, Eddie Franke und Co. die Favoritenrolle ein. Aber, wie heißt es, erstens kommt es anders und zweitens als man denkt ... Ich dachte dabei manchmal an meinen Cottbuser Start mit dem Handball-1 : 0. Doch diesmal war wirklich was los. Unser dritter Mann hieß Gerhard Obermüller. Beim Berliner Rundfunk genoß er den Ruf des Leichtathletikexperten, und so schilderte er eine Halbzeiteinlage. Um die zweistündige Liveübertragung für MDR und BR aufzulockern, hatten die Organisatoren eine Staffel ins Programm genommen. Abwechselnd jagten Frauen und Männer der Sportvereinigungen Post, Motor, Einheit, Traktor ... über die schwarze Schlackebahn. Es war nicht leicht, alle auseinanderzuhalten. Obermüller hatte es schwer. Später, in ähnlichen Situationen, mußte ich oft daran denken.

In jenem Jahr gab's aber noch ein anderes Fußballvergnügen. Für den Berliner Rundfunk organisierte ich in Cottbus ein Prominentenspiel. BR gegen »Tinte-Schminke – Bier«. Bei uns stand Hans Pitra, der unver-

Heinz Florian mit seinen Eltern und seiner Schwester, 1934

Flori mit Schwester Trauti, 1932

Als 16jähriger während eines Lehrgangs beim »Ostwallbau«

Intendanz
des
Bayerischen Staatsschauspiels

München 1,
Schließfach 16

8.März 1946

Herrn
Florian Oertel,

Büsum, (24)
postlagernd.

Sehr geehrter Herr Oertel,

in Beantwortung Ihrer Anfrage vom 18.Februar 1946 teilen wir mit:

Die Schauspielschule wird voraussichtlich am 1.September 1946 eröffnet. Eignungsprüfung hiezu nur für Bewerber der amerikanischen Besatzungszone findet im April statt. Aufforderung ergeht durch Rundfunk, Presse und unmittelbare Anschrift. Prüfungsgebühr RM 10,--. Aufgenommen werden können nur 13 Damen, 12 Herren. Monatliche Gebühr RM 80,--.

Mit bestem Gruß!
I.V.

Städtische Bühnen
~~Der Generalintendant~~

⑯ Frankfurt a. M., den 5. März 1946

Fräulein
Florian Oertel,
Nordseebad Büsum
Postlagernd

Sehr geehrtes Fräulein Oertel!

Die Schauspielschule in Frankfurt a.M. ist bis jetzt noch nicht eröffnet. Sie hätten daher nur die Möglichkeit, Privatunterricht zu nehmen. Außerdem besteht schon eine Schauspielschule in Gießen, deren Besuch wir Ihnen, des normalen Prüfungsablaufes wegen, noch mehr empfehlen würden. Wann in Frankfurt a.M. wieder eine Schauspielschule aufgemacht wird, ist noch unbestimmt.

Hochachtungsvoll

Städtische Bühnen
Frankfurt a. M.
Lic. No. 5000

W K/0150

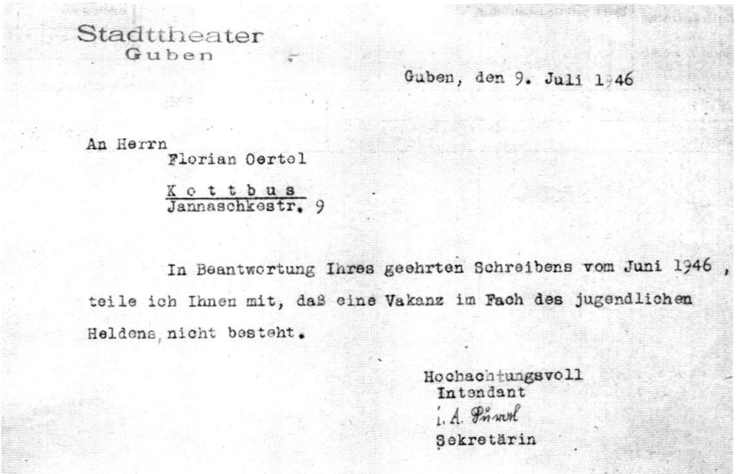

Stadttheater
Guben

Guben, den 9. Juli 1946

An Herrn
Florian Oertel

Kottbus
Jannaschkestr. 9

In Beantwortung Ihres geehrten Schreibens vom Juni 1946, teile ich Ihnen mit, daß eine Vakanz im Fach des jugendlichen Heldens nicht besteht.

Hochachtungsvoll
Intendant
i. A. [illegible]
Sekretärin

Endlich im Engagement,
Dezember 1946

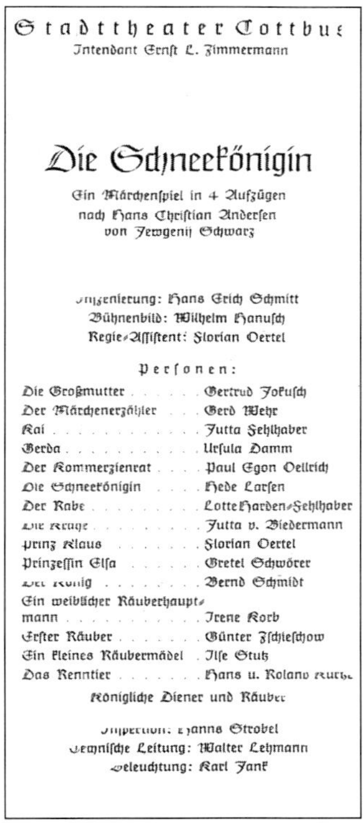

Stadttheater Cottbus
Intendant Ernst L. Zimmermann

Die Schneekönigin

Ein Märchenspiel in 4 Aufzügen
nach Hans Christian Andersen
von Jewgenij Schwarz

Inszenierung: Hans Erich Schmitt
Bühnenbild: Wilhelm Hanusch
Regie-Assistent: Florian Oertel

Personen:

Die Großmutter	Gertrud Jokusch
Der Märchenerzähler	Gerd Wehr
Kai	Jutta Sehlhaber
Gerda	Ursula Damm
Der Kommerzienrat	Paul Egon Oellrich
Die Schneekönigin	Hede Larsen
Der Rabe	Lotte Harden-Sehlhaber
Die Krähe	Jutta v. Biedermann
Prinz Klaus	Florian Oertel
Prinzessin Elsa	Gretel Schwörer
Der König	Bernd Schmidt
Ein weiblicher Räuberhauptmann	Irene Korb
Erster Räuber	Günter Zschieschow
Ein kleines Räubermädel	Ilse Stutz
Das Renntier	Hans u. Roland Kurbe

Königliche Diener und Räuber

Inspektion: Hanns Strobel
Technische Leitung: Walter Lehmann
Beleuchtung: Karl Jank

Pausenbeschäftigung am Stadttheater Cottbus, mit den Schauspielern Paul Egon Oellrich (links) und Hans-Erich Korbschmidt

Neulehrer Oertel mit seiner Klasse, 1948

BERLINER RUNDFUNK

~~BERLIN-CHARLOTTENBURG 9 × MASURENALLEE 8~~
Berlin W 8, Friedrichstr. 169/170
Postschließfach NW 7 Nr. 126
Fernruf: Sammelnummer ~~92 02 01~~ 425791/37
Drahtanschrift: Berlinrundfunk

Berlin, den 25. Juli 1950
2oo/Kli

Herrn
Heinz Oertel

<u>C o t t b u s</u>
Jannschkestr. 9

Sehr geehrter Herr Oertel!

Wir sind im Besitze Ihrer Bewerbung und teilen Ihnen mit, daß wir im Augenblick keinen Gebrauch von Ihrem Angebot machen möchten, da wir froh sind, daß in Cottbus ein einigermaßen brauchbarer Sportreporter tätig ist, der von den Ereignissen des Landes Brandenburg berichten kann. Wir bitten Sie, sich noch intensiever mit dem Sport des Landes Brandenburg zu beschäftigen und uns laufend Sportreportagen für den Deutschlandsender und Berliner Rundfunk anzubieten. Wir können im Augenblick wirklich keine andere Lösung treffen, denn Sie sind zur Zeit im Land Brandenburg der einzige brauchbare Sportreporter. In der Hoffnung, daß Sie unserer Entscheidung Verständnis entgegenbringen werden zeichnen wir

hochachtungsvoll

BERLINER RUNDFUNK
Hauptabteilung Personal

BERLINER RUNDFUNK II
Abt. Personal

ostscheckkonto: Berlin 2040, Bankkonto: Berliner Stadtkontor, Kurstraße, Konto 8455

35 294 511

*Erste Rundfunk-
reportagen, 1950/51
und erste Honorar-
abrechnung*

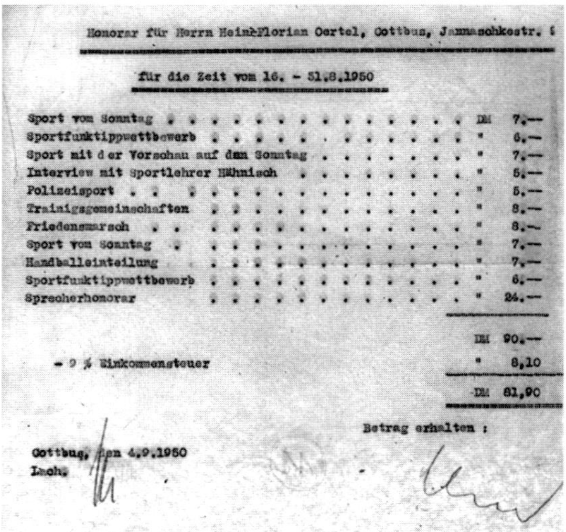

Honorar für Herrn Heinz Florian Oertel, Cottbus, Jamaschkestr. 6

für die Zeit vom 16. – 31.8.1950

Sport vom Sonntag	DM	7.--
Sportfunktippwettbewerb	"	6.--
Sport mit der Vorschau auf den Sonntag	"	7.--
Interview mit Sportlehrer Hähnisch	"	5.--
Polizeisport	"	5.--
Trainigsgemeinschaften	"	8.--
Friedensmarsch	"	8.--
Sport vom Sonntag	"	7.--
Handballeinteilung	"	7.--
Sportfunktippwettbewerb	"	6.--
Sprecherhonorar	"	24.--
	DM	90.--
– 9 % Einkommensteuer	"	8,10
	DM	81,90

Betrag erhalten :

Cottbus, den 4.9.1950
Lach.

Seit den frühen Jahren der Friedensfahrt dabei …

… und mit Täve Schur im Gespräch

Olympische Reporteransichten: Winterspiele 1956 in Cortina

Sommerspiele 1964 in Tokio

Sommerspiele 1976 in Montreal

gessene Intendant des Metropoltheaters, im Tor. Er war ein verrückter Fußballfan. Arno Kölblin, Boxer und Trainer, wirkte als Verteidigungsrammbock. Rudi Kirchhoff, das Straßenradsportunikum, flitzte als Außenstürmer die Linien lang, und Bernd Golonski schmetterte diesmal keine Schlager, sondern meinen Cottbusern zwei Treffer ins Tor. Für Herbert Schmidt und mich am Unterhaltermikrofon, und für die Dreitausend auf den Traversen wurde das 6 : 6 ein Riesenspaß.

Auch so etwas war also schon gang und gäbe. Was jetzt mit aufgesetztem Tamtam angekündigt wird, nahm seinerzeit seinen ganz normalen Platz …

Training

Bestimmt hat das fast jeder im Bummelzug zwischen Cottbus und Königs Wusterhausen bemerkt. Meist waren es nur zwanzig oder dreißig Verschlafene, die sich früh um fünf Uhr mit mir in die alte Dampflok-Vehikelkette hievten. In einem der leeren Abteile, Nichtraucher, zweiter Klasse, versuchte sich ein junger Bursche an dem, was er immer tat – er sprach. Ich trainierte Reportieren.

Vorbeihuschende Heuschober zwischen Vetschau und Lübbenau, Spreewaldstörche zwischen Lübbenau und Lübben, die märkische Heide von Oderin, Halbe bis Groß-Köris, alles, was mir vor die Pupillen kam, erhielt meinen Beschreibungsversuch. Manchmal hörte mir der Zeitungsverkäufer, der immer in Köris ausstieg, zu, denn ihm, der so früh noch kein richtiges Geschäft machen konnte, vertrieb ich die Langeweile. Später, als mich mancher schon aus dem Radio kannte, klopfte er mir wie ein Verbündeter auf die Schulter: »Mensch, ich freue mich mit. Das hat sich doch gelohnt …«

Im Laufe der Jahre, von 1950 bis 1956 ging das immer so weiter. Zigmal, Hunderte Mal vielleicht, zuckelte ich vom alten Zuhause nach Berlin. Königs Wusterhausen raus, rein in die S-Bahn und dann nach dort oder dort. Unterwegs kannte ich bald jeden Baum und Strauch. Ich redete und redete, suchte nach möglichst neuen Wörtern und Bildern und erschreckte die, die das WC aufsuchten oder aus einem anderen Grund durch mein Abteil stolperten.

Etwa ab Sommer 1957 quasselte ich dann mein erstes Auto und später alle folgenden voll. Ein paarmal – aber wirklich selten – zeigte mir ein Vorbeirauschender den Vogel. He, Spinner, mag er gedacht haben, was ist los mit dir, achte lieber auf den Verkehr … Was ich auch tat.

Übrigens, ich halte das bis heute durch. Noch immer, wenn sich die Gelegenheit bietet, häufig zwangsweise im Stau, spreche ich. Jetzt sind es seltener Schilderungen, sondern meist reine Sprechübungen. Babebibobubeibaubeu, dadedidodudeidaudeu … Oder ich deklamiere vor zig Jahren einstudierte Rollentexte. Den Raoul, ein Lothringischer Ritter aus Schillers »Jungfrau von Orleans«, beispielsweise: »Wir hatten sechzehn Fähnlein aufgebracht, Lothringisch Volk, zu deinem Heer zu stoßen, und Ritter Baudricour aus Vaucouleurs war unser Führer …« Minutenlang. Oder den Schüler aus »Faust«, alle Erzengelverse aus dem Prolog im Himmel oder Gedichte. Rilke, Eichendorff, Uhland, Klassiker-Balladen.

Früher, in der heftigsten Flugreisezeit, nutzte ich die Zwischenaufenthalte. Ich beschrieb Heathrow und La Guardia, Schiphol und Scheremetjewo. Da sich im Grunde alle Airports irgendwie ähneln, zwang mich das zu Phantasie. Und da waren die Menschen. Tausende Typen. Ein Reichtum für sich.

Ich weiß es nicht mehr ganz genau, aber irgendwann auf dieser langen Strecke legte ich mir ein persönliches Wörterbuch zu. Notiert wurde alles, speziell Verben und Adjektive, die mir gefielen und die ich beim Lesen oder Zuhören aufschnappte. Beim Reisetrainingsreportieren pickte ich dann zwei, drei heraus, und die mußten unbedingt und besonders in die jeweilige Probeschilderung passen.

Nachsichtiges Lächeln hat mich dabei nie irritiert.

Eher wünschte ich den Lächlern, sie nähmen sich den Sport zum Vorbild. Kein Athlet geht schließlich ohne systematisches Training in den Wettkampf. Aber wie viele Reporter?

Nalepastraße

Was ihr Name bedeutet, nach wem sie benannt ist? Das erfuhr ich erst spät: nach dem Färbereibesitzer Paul Nalepa. Bekannt wurde sie jedenfalls durch den Rundfunk, der sich dort Anfang der Fünfziger einquartierte und vom Provisorium zum Großprojekt wuchs. Inmitten von Kleingarten- und Industrieanlagen, direkt am idyllischen Ufer der Spree, war es vielleicht eine der merkwürdigsten Radio-Einrichtungen der Welt.

Seit Ende 1991 klingt dort kein Lautsprecher mehr, rieselt der Putz und jagen sich Ratten und Mäuse. Knapp vierzig Jahre aber lebten wir an diesem Ort ein hochinteressantes Rundfunkleben.

Daß es dazu kam, hat wieder seine spezielle Geschichte. Eine politische, wie meist im Leben. In Kürze geschildert, passierte Folgendes: Fünf Jahre nach dem Irrsinnskrieg grummelte es schon wieder. Was läßt Schiller seinen Tell deklamieren? »Es kann der Frömmste nicht in Frieden leben, wenn es dem bösen Nachbarn nicht gefällt ... « Der böse Nachbar, klar, das ist, das war immer der andere. Jedenfalls, die im Krieg gegen die Nazis Verbündeten, die Alliierten, kriegten sich langsam, aber sicher in die Haare. Besonders in Berlin. Und auch für den Rundfunk war der Ärger programmiert. Nach Siegerbeschluß unterstanden das Funkhaus in der Masurenallee, Führung und Programm, der sowjetischen Besatzungsmacht. Da das alte Reichsrundfunkhaus aber im britischen Sektor lag, ist vorstellbar, wie alle Querelen wucherten. Das Ende vom Lied: der politische Ostsektor, inzwischen Hauptstadt der DDR, mußte sich im Ostteil der Stadt ein neues Funkhaus schaffen.

Nun trennten sich die Wege. Für beide Teile, auch für die beiden Funkhäuser, für das alte und das neue, brachen andere Zeiten an, die gänzlich unterschiedliche Lebenswege mit sich brachten. An den Folgen dieser Trennung, der Lebensabläufe und gewachsenen Lebenshaltungen krankt bis jetzt manches, und es behindert und verhindert immer noch, sieben Jahre nach der Wende, ein neues Zusammenleben. Hinderungsgrund Nummer eins ist bis heute die fehlende Bereitschaft, unterschiedliche Lebensläufe zu respektieren. So lange das nicht mit Sachverstand, Fairness und Toleranz geschieht, wird es kein echtes Zusammenkommen geben, zumal nach 1945 für in der Nazizeit Tätige und damalige Parteimitglieder ganz andere Ellen angelegt wurden. Natürlich bezieht sich das nicht nur auf getrennte Rundfunkwege und Rundfunker-Leben. Für alle Berufe und Tätigkeiten entstanden ähnliche Brüche, existieren hinderliche Klüfte. Wer diese wirklich kitten will, muß über Klippen springen und akzeptieren: das sind nicht durch die kleine, sondern durch die große Politik bewußt und gezielt gespaltene Leben.

Doch zurück in die Zeiten, da das begann.

Westler, dort zuhaus, blieben zum Großteil im Westen. Ostler gingen mehrheitlich in den Rundfunk-Osten. Persönliches und Politisches fielen dabei häufig zusammen.

Im Funkhaus Masurenallee entstand der SFB, Sender Freies Berlin. Sportchef wurde, blieb Herbert Schmidt.

Aus dem alten Funkhausbetrieb waren wir drei junge Leute, die zur vorläufig neuen Sportredaktion in den Ostteil wollten. Marian Homrighausen, der sich seit geraumer Zeit für den Sportfunk bewarb, Wolfgang

Reichardt, der aus Wriezen im Oderbruch stammt und schon in der Masurenallee als vielseitig-talentierter junger Mann auffiel, und ich, der Lausitzer. Als Zwischen-Funkhaus war ein Gebäude direkt an der traditionsreichen Grünauer Regattastrecke, am Dahme-Ufer vorgesehen. Die knappe Zeit in Grünau war angenehm. Dort, wo Schleppkähne vorbeischipperten, Ruderer trainierten, Motorboote knatterten, und ringsherum im Grünauer Forst hatten wir Abwechslung und Spaß. Alles war nur sehr weit von der eigentlichen Großstadt weg, und mit Straßenbahn, S-Bahn – also öffentlichen Verkehrsmitteln – brauchten wir Stunden. Vertane Zeit.

Deshalb freuten wir uns, als Flüsterpropaganda Wahrheit wurde: In der Schöneweider Nalepastraße entsteht das neue Haus, und dort wird es mit den Kollegen vom bisherigen Mitteldeutschen Rundfunk eine Zusammenführung zum »Radio DDR« geben. Damit tauchten dann Werner Eberhardt, Helmut Schulze und Rolf Jacob aus dem Leipziger Funkhaus Springerstraße auf. Später gesellte sich Harry Schulz dazu. Aus Halle kamen Wolfgang Stein und Werner Sydow zum Sport. Bald gingen die dann andere Radiowege. Ebenso folgte Wolfgang Hempel, der als Erfurter bis dahin im Weimarer Funkhaus mitgearbeitet hatte. Oskar Klose wechselte vom Brandenburgischen Landessender zu unserer Truppe. Wir waren ein fröhlicher Haufen. Nur wenige besaßen in Berlin ein echtes Zuhause. Die meisten wohnten irgendwo zur Untermiete. Wolfgang Hempel und ich hatten fast zehn Jahre einen gemeinsamen Junggesellenwigwam an der Greifswalder Straße, also auch mitten im Prenzlauer Berg. Mit der Straßenbahn 13, die es noch immer gibt, zuckelten wir gute fünfundvierzig Minuten bis zur Nalepastraße.

Diese sogenannte Verkehrsanbindung, wie es bürokratendeutsch bezeichnet wird, war das Unangenehmste. Am Gefängnis Rummelsburg vorbei, am Kraftwerk, damals noch die gefürchtetste Dreckschleuder Berlins, dann noch ein stinkendes Gummiwerk, eine Zementfabrik. Ja, unser Funkhaus lag in keiner feinen Gegend. Eher war das Berlin-Mittenmang.

Mit der Zeit entstand aber ein relativ modernes Funkhaus. Die Technik verbesserte sich, Hörspielkomplexe und Musiksendesäle kamen hinzu, die nach Ansicht von Experten bestes Niveau besaßen, und bis in die letzten Lebensmonate des Funkhauses produzierten dort erstklassige Musiker und Bands. Max Reger aus München zählte zu den häufigsten und gern gesehenen Gästen. Ebenso Dirigenten, Sänger und Schauspieler der Eliteliga.

Ich lernte dort meine Frau kennen. Sie arbeitete als Studiotechnikerin, und für mich wurde das zum Hauptglücksfall des Lebens. Weil sie den Radio- und später auch den Fernsehjournalistenalltag aus eigenem Techniker-Erleben kannte, ging es mit uns so gut, so fest über alle Jahrzehnte. Wer weiß, ob ich es ohne sie überstanden hätte. Wahrscheinlich nicht. Aber ein Kavalier stattet Verehrung und Dank nicht öffentlich ab.

Mannschaft

Vielleicht ist es mit das Schwierigste, über Kollegen, über jahrelange, jahrzehntelange Mitstreiter und Wegbegleiter zu schreiben. Es wäre andererseits verkehrt, gerade das auszuklammern. Das, was ich sagen will, soll weder pathetisch noch sentimental, aber auch nicht stur sachlich klingen. Es soll nicht gewichtig, aber auch nicht unwichtig und auf alle Fälle richtig, das heißt ehrlich sein.

Glücklich – und das meine ich im vollen Ernst – der, der in solcher Mannschaft versuchen konnte, Bestes zu geben. Natürlich herrschte auch Rivalität. Hätte es die nicht gegeben, gäbe es nicht so viele Erfolge, diese Gesamtsumme von Hörerakzeptanz mit millionenfacher Anerkennung und Zustimmung. Es wurde nicht nach Großen und Kleinen unterschieden. Schon überhaupt nicht spielte der erstens dumme und zweitens meist unehrliche Starbegriff eine Rolle. Jeder tat seins, ob Reporter, Redakteur, Sekretärin. Alle zusammen waren die Mannschaft.

Ich zählte mich immer zu diesem Team der Sportredaktion von Radio DDR, obwohl ich »amtlich« an einem anderen Sender, beim Berliner Rundfunk, arbeitete.

Sechs Chefs standen der DDR-Sportredaktion in den verflossenen vierzig Jahren vor. Alle waren gute Menschen, vier auch gute, sehr gute Journalisten. Die in der Zeitfolge letzten drei nenne ich für alle: Wolfhard Kupfer (nun auch Rentner), Werner Ahrendt (ebenfalls) und Klaus-Jürgen Alde (jetzt beim MDR).

Für Reichardt, Homrighausen, Harry Schulz, die bald

zum Fernsehen wechselten, für Rolf Jacob, der in den Westen ging und früh starb, und für Oskar Klose, von dem ich schon schrieb, stießen in den Folgejahren immer neue, jüngere Reporter zum Team: Hubert Knobloch, Waldefried Vorkefeld, Heinz-Günter Otto, allesamt beim MDR, und Thomas Schwarz, jetzt SFB. Zur Mannschaft gehörten Redakteure vom besten Schrot und Korn. Auch hier nur einige Namen. Horst Bräunlich, mit dem ich siebzehnmal die Friedensfahrt begleitete, Erhard Schneider, der verstorbene Wolfgang Hanff, Achim Kretschmar, Gerhard Claar … Und Herbert Küttner, das Sender- und Sportmannschaftssprecher-As.

Auch wenn es manchen überrascht, wenn es anderen mißfällt, weil es deren heutige Weltsicht stört: In dieser Radiosportredaktion gab es gutes, fachlich und menschlich gutes Zusammenarbeiten. Krumme Hunde kannten wir nicht. Jede Redaktion, gestern und heute, dürfte sich glücklich schätzen, so etwas von sich sagen zu können. Offen, auch politisch offen, wurde über alles gesprochen. Mist wurde beim Namen genannt. Es ging gut so. Alle vierzig Jahre.

Berliner Rundfunk

Beim Berliner Rundfunk stand mein Schreibtisch. Jedenfalls zwanzig Jahre lang. Vorher stand mir noch keiner zu. Der Berliner Rundfunk, das war mein Radio-Zuhause.

Natürlich war dieser Sender auch, wie alle anderen, gestern und heute, eine poltische Anstalt. Doch ich denke nicht daran, über Nachrichtengebung und Polit-Magazine zu schreiben, weil das nicht meine Arbeit war, und weil ich diese Urteile jedem Zeitgenossen und Ex-Hörer selbst überlasse. Den Wohlwollenden und denen, die verdammen.

Daß ich überhaupt bei diesem Sender landete, war wieder einmal mehr Zufall. Ich kam vom Masurenallee-Berliner-Rundfunk, und da nun der Sport bei Radio DDR konzentriert wurde, wollte der Nalepastraßen-Berliner-Rundfunk wenigstens einen »Sportmenschen« abbekommen. Das war ich.

Neben Sport, der mir im Aktuellen auch immer wieder Einsätze bei der Radio-DDR-Mannschaft brachte, gehörten Unterhaltungssendungen zu meinem Metier. Gemeinsam mit Rolf Krickow, einem echten Oldie der Radio-Unterhaltung, entwarfen wir neue Programme. Wir spielten uns bei »Hallo, Berlin!« und »Alles, was Berlin heißt« die Bälle zu. Die Sendungen war live und öffentlich aus dem »Babylon« am Rosa-Luxemburg-Platz, aus dem »Zenner« im Plänterwald, aus Kulturhäusern quer durch den Ostteil der Stadt. Von Spezialitäten, die ich dann aus der Taufe hob, will ich nur eine kleine Auswahl nennen: Eine Abendsendung der sechziger Jahre hieß »Schlager, Telefon, Mikrofon«. – Jawohl,

Ben Akiba der Weise, hat recht: Es ist alles schon mal dagewesen. Um im heutigen Übertreibungsjagon zu reden, ein richtiger Hit wurden zwei andere Sendereihen, die sich zu Dauerbrennern und Radio-Fossilen entwickelten:

Zuerst »7–10, Sonntagmorgen in Spreeathen«. Damit ging's 1966 los, und ich war vorerst einziger Moderator. Diese Frühshow hielt fünfundzwanzig Jahre durch! Bis zum Ultimo in der Nalepastraße. Dieter Hunziger, heute beim ORB, Kalle Neumann, Peter Bosse, Claus-Peter Matzke, jetzt alle bei Spreeradio, Gretel Ortner und andere hielten die Treue und das »7–10«-Fähnlein hoch. Zehntausende Hörer standen hinter dieser bunten Spiel- und Musiksendung, und viele Hörer trafen sich Sonntag für Sonntag bei öffentlichen Veranstaltungen. Einer der Höhepunkte war immer der Tierparktreff mit dem geschätzten Tierparkdirektor Prof. Dr. Heinrich Dathe und Reporterin Karin Rohn. Diese fünfzehn Minuten innerhalb der Sendung wurden immer ein Zuschauer- und Zuhörermagnet.

Die zweite erfolgreiche Sendereihe war »He-he-he, der Sport an der Spree«. Sie begann 1971 und lebte zwanzig Jahre. Zwei Live-Stunden, Sonnabendvormittags, mit Studio-Moderation und Reporteraußenstellen, lockten nicht nur Sportinteressierte, sondern aufgeschlossene Hörer jeder Couleur. Hier behaupte ich, gerade mit dem Zeitabstand und dem inzwischen Erlebten, »He-he-he« war eine deutschlandweit einmalige Sendung. Vor allem, weil sie sich vorrangig auf den »kleinen Sport« konzentrierte. Nicht die Asse und Clubs standen im Mittelpunkt, sondern Kinder- und Jugendsport, Frauensport, kleine Gemeinschaften und deren Übungsleiter und

Helfer. Wir versuchten zu inspirieren, einzugreifen und zu fördern. Da, wo der echte Sport zu Hause ist: unten. Es gab für die Treusten der Treuen spezielle Spielwettbewerbe und Kleinstpreise.

Alle Bemühungen nach der Wende, diese Sendung, so oder ähnlich, von einem Sender fortzuführen oder neu zu beginnen, scheiterten ebenso kläglich wie bezeichnend. Die Antworten reichten vom mitleidigen Schulterzucken bis zu Bemerkungen, wie »das interessiert heutzutage keinen Menschen«, und ist beim Quotenkampf in keinem Sender durchzusetzen. Alles bezeichnend fürs heutige Medienbild. Hier widersprechen sich Journalistenhaltungen.

Die Sendung »He-he-he« wurde von Profis gemacht. Werner Eberhardt, Marian Homrighausen, Thomas Schwarz, Gerhard Kohse, später auch jüngere Kollegen bildeten die Moderatorenmannschaft, und alle Reporter und Redakteure, sonst eigentlich bei Radio DDR an Bord, gestalteten insgesamt 1074 Sendungen.

Auch unsere Theater- und Filmkritiker Dieter Kranz und Margit Voss galten und gelten als geschätzte Experten, wie viele unserer Sprecher, zum Beispiel Detlef Bruns und Siegfried Fiedler, die heute für Info-Radio, für SFB, ORB oder MDR arbeiten, oder Jens Riewa, der als Sprecher beim Berliner Rundfunk begann und heute die ARD-Tagesschau moderiert …

Am Silvesterabend 1991 schlich ich nach den letzten gesprochenen Sportnachrichten aus dem Haus in der Nalepastraße. Inzwischen vergammelt das Gebäude. Firmen, vorübergehende Nutzer, geben sich die Klinken in die Hand. So fließt ein Stück deutscher Hörfunkgeschichte die Spree hinunter.

Ach ja, der jetzige Berliner Rundfunk. Ein Privatradio, nicht vergleichbar mit dem von einst. Radio aus einer anderen Welt.

Neujahrslauf

Übrigens, mit »He-he-he« wurde auch der Berliner Neujahrslauf geboren. Gleichfalls ein Deutschland-Unikat, jedenfalls jahrelang. 1972, zum Start ins Saporro- und Münchner Olympiajahr, trafen sich auf unsere Idee und Initiative erstmals ein paar tausend Alltagsläufer, Familien mit Kind und Kegel, im Volkspark Friedrichshain. Ein Radiofest. Olympia für jedermann.

Mein Gedanke war, wenn sich seit Jahr und Tag im brasilianischen Sao Paolo zur Silvesternacht Läuferstars gegen Bezahlung zum Lauf ins neue Jahr begegnen, können bei uns in Berlin gerade die Urläufer, die Unbezahlten im Mittelpunkt stehen. Wer sich am Neujahrsmorgen überwindet, locker eine oder zwei Runden dreht, der bleibt vielleicht und hoffentlich bei der Stange und wird zum Alltagssportler …

So geschehen. Jahr für Jahr, immer rannten Tausende ins neue Jahr. Alle erhielten eine kleine Erinnerungsschleife, und noch heute zeigt mancher stolz die komplette Kollektion: Hier, ich war immer dabei!

Hunderte Neujahrslaufgeschichten ließen sich erzählen. Doch das ist jetzt die Wichtigste. Dieses Ereignis überlebte. Und am 1. Januar 1998 wird die Läufergemeinde Berlins mit Gästen aus nah und fern bereits zum siebenundzwanzigsten Mal antreten. Ich verhehle nicht: das macht zufrieden. Daß der Neujahrslauf kein Wendeopfer wurde, kam so: Horst Milde vom SC Charlottenburg, ein laufbesessener Mann, von Beruf Konditor in Tempelhof, gilt als der Berlin-Marathon-Initiator und Vater vieler anderer Berliner Läufe. Er reichte nach der Wende die Hand und versicherte: Das machen wir weiter, weil es erhalten werden muß. Und, was durchaus nicht selbstverständlich ist, der Mann hält Wort. Mit ihm und mit der Treue vieler, vieler Läufer, nun aus allen Bezirken der vereinigten Stadt, empfing der Neujahrslauf einen neuen Impuls. Laufstrecke ist Berlins historisches Zentrum mit Start am Brandenburger Tor, den zwei Kilometern Unter den Linden bis zum Schloßplatz und zurück.

Wo in der Welt gibt es Ähnliches auf so geschichtsträchtigem Terrain und von Jedermanns gelaufen?

Verflucht, das war eine miese Meldung, die im Februar 1997 durch alle Medien lief und für Aufregung sorgte. Täve Schur auf Mallorca gestürzt und ins Hospital transportiert! Das Unglück geschah bei einem Trainingsausflug, den Täve mit engagierten Freizeitradlern bestritt. Seit einigen Jahren wird der zweifache Weltmeister und zweimalige Friedensfahrtsieger in den italienischen Frühling eingeladen, und dort unternimmt er mit gleichgesinnten Velofreunden, die auf Täves Kenntnisse und seine persönliche Betreuung und Begleitung Wert legen, tagtägliche Touren. Erstmals wurde das nun auch in Spanien, auf Mallorca organisiert. Dort schlug der Pechteufel zu.

»Ich sagte noch zur Gruppe, Menschenskinder, paßt auf! Es beginnt zu regnen, und da werden die glitschigen Kurven gefährlich … Bums! Da lag ich schon als erster auf der Nase. Wie sich dann im Krankenhaus herausstellte, ein Oberschenkelhalsbruch. Schöner Mist, mein Lieber …«

Dieser Bericht stammte dann bereits vom Ende April, als Täve zu den letzten Vorbereitungen auf die fünfzigste Friedensfahrt zwischen Potsdam und Bautzen hin und her wieselte, so, als ob nichts geschehen wäre.

»Da täuschst du dich. Als Sechsundsechzigjähriger steckst du solche Sachen nicht einfach weg. Aber, es geht schon wieder. Zum Friedensfahrtstart bin ich voll dabei!«

Gesagt, getan. Täve wär nicht Täve. Mit siebzigtausend Potsdamern feierte er das Fest der Feste. Als Präsident des Friedensfahrt-Vereins hatte er sich mit den treusten Friedensfahrtanhängern mächtig ins Zeug gelegt, damit das Traditionsrennen, das Millionen Fans mindestens dreier Generationen so viel bedeutete, alle Wendewirren überlebt. Daß dies geschafft wurde, ist vielleicht Täves allergrößter Sieg. Ein Erfolg, der in einer Reihe mit denen bei den Weltmeisterschaftssiegen in Reims 1958 und Zandvoort 1959 steht. Und mit dem Ritt auf dem Sachsenring 1960.

Da rissen Täve und Bernhard Eckstein zweihunderttausend Zuschauer in gewaltigen Taumel. Das Finale jener Weltmeisterschaft entpuppte sich als Radsport-Krimi der Extraklasse. Alle Radsportfreunde kennen den Ausgang, und wer es direkt miterlebte, trug die Geschichte in die Familie und an Freunde weiter. Und die erzählten es wieder …

Auf der allerletzten Steigung der Schlußrunde kämpften Willy Vandenberghen, der sympathische Belgier, Schur und Eckstein Seite an Seite. Rad an Rad. Vandenberghen hielt dabei, allen Grunderfahrungen und Taktiken entsprechend, meist das Hinterrad der deutschen Konkurrenten. Bei Täve lag die Strategie längst fest, und wenige Kilometer vorm Ziel gab er seinem Mitstreiter »Ecke« Eckstein das Zeichen: »Los, fahr weg! …!« Täves Hoffnung, Vandenberghen würde bei ihm bleiben, ging voll auf. Eckstein holte den Weltmeistertitel, Schur folgte wenige Sekunden später als Vize, und dem Belgier blieb nur der dritte Platz.

Ich schilderte für den Hörfunk alles vom Anfang bis zum Ende des Velo-Dramas. Dabei widerfuhr uns das Schlimmste, was passieren kann. Die Technik stotterte. Aussetzer, auf und ab in der Lautstärke, kurzum, es war wie verhext. Leider.

Später fragte ich Vandenberghen in mehreren Sendungen, was ihm in dieser hektischen Schlußphase durch den Kopf wirbelte. Auch beim »Kessel Buntes«, den ich Anfang der achtziger Jahre im Berliner »Palast der Republik« moderierte. Dort wurden die »Großen Drei vom Sachsenring« mit Jubel begrüßt.

»Unentwegt überlegte ich, was machst du? Wegfahren? Das kann gegen die zwei, die sich vollkommen einig sind, kaum gelingen. Also, bei Schur bleiben. Der ist Hauptfavorit. Der wird sich als schon zweimaliger Weltmeister unbedingt den dritten Titel in Folge holen wollen. Das läßt sich doch keiner entgehen. Auch, als dann Eckstein wegbrauste, dachte ich immer noch, Schur steigt wieder hinterher. Aber das wurde mein entscheidender Irrtum. Doch wer sollte so um die Ecke denken? Von Schur war's eine überragende taktische und menschliche Leistung. Er verzichtete, um sicherzugehen, einer von uns gewinnt. Davor ziehe ich noch heute den Hut. Ich weiß nicht, welcher andere Große ähnlich gehandelt hätte ...«

Immer aufs Neue verblüfft es, jetzt besonders Radsportanhänger von Hamburg bis München, Journalistenkollegen der alten Bundesrepublik, die sich viele Stürme bei der Tour de France oder dem Giro um die Ohren wehen ließen, wieso diese Schur-Popularität ungebrochen bleibt, eigentlich frisch wie »einst im Mai«? Selbst der Wende-Umbruch, der viele in Strudel riß, manches ins Taumeln brachte, konnte an Schur nicht rütteln.

Hieb- und stichfest kann ich auch keine Erklärung liefern. Natürlich gründet solche Sympathie zuerst auf sportlichem Erfolg. Doch gerade bei ihm wäre es ein

Trugschluß, das zu stark betont und vordergründig anzuführen. Dafür ist die Verehrung zu groß.

Mehr als Täves Siege überzeugt seine Freunde, wie er das Lebensrennen bestreitet. Gustav-Adolf Schur, überall nur Täve genannt, war immer, ist und bleibt ein Mann des Volkes. Nichts beißt sich mehr, als Täve mit Star gleichzusetzen. Auch wenn er von Oben gehätschelt wurde, seine Millionen Freunde unten ließ das kalt. Und die meisten Anhänger begriffen auch, daß es überall auf der Welt mindestens ähnlich ist. Regierende suchen immer Nutzen aus der Popularität ihrer landesgrößten Sportler. Sie sind Nassauer. Nicht umgekehrt.

Täve, den ich über fünfundvierzig Jahre kenne, verweist mit Stolz auf Bodenständigkeit und Heimatverbundenheit. Niemals hob er ab. Keiner kennt Affären. Frau und Familie stehen für ihn über allem. Das Auffälligste an ihm blieb die Unauffälligkeit seines Lebensstils. Keine Extra-Würste. Kontakt zu jedermann. Nur Sprüche- und Schulterklopfer, Aufdringliche waren und sind im zuwider. Seine vier Kinder blieben auf dem Teppich. Zu jeder Zeit. Als Täve-Sohn Jan Profi wurde, tolerierte Täve den Schritt. Alle griffen und greifen noch immer zu, wenn einer des anderen Hilfe braucht. So entstand inzwischen das Hotel in Schierke. Jan und dessen Frau führen es, aber Täves Frau Renate und er selbst rackerten Hunderte Extrastunden. Tag und Nacht.

Als Täve dort im Februar 1997, kurze Zeit nach dem Mallorca-Unfall, seinen sechsundsechzigsten Geburtstag feierte, kamen die Freunde und Weggefährten von überall, um ihm die Hand zu schütteln. Die Schurs leben ohne Lack und Brimbamborium.

Im Mai 1997 rollte also die Fünfzigste. Doch! Über zehn Etappen und rund 1600 Kilometer. Steffen Wesemann, der in Frankfurt/Oder durch die Radsportschule ging und dessen Vater auch schon Friedensfahrer war, gewann zum dritten Mal. Mit ihm beherrschte das Telekom-Team die Konkurrenz. Das gehört zum Sport-Fazit. Im Führungsfahrzeug des »Course de la Paix« saß Täve Schur, und mit dem Tschechen Pavel Dolezel und dem Polen Ryszard Szurkowski als Tour-Direktoren besaß er erneut ausgezeichnete fachmännische Begleiter. Szurkowski gilt immer noch als absoluter König der Fahrt. Viermal, das ist einzigartig, gewann er dieses Rennen. Das geschah in den Siebzigern. Dolezel focht noch mit den FF-Siegern Klaus Ampler und Axel Peschel, mit Günter Hoffmann, Dieter Mickein und Eberhard Butzke manchen Strauß. Diese Fahrt, das wollte ich beweisen, wird von Experten regiert, und deren Herz schlägt für die Tour.

Deshalb ist nun Hoffnung gewachsen. Es wird Fortsetzungen geben, und die meisten der überlebenswichtigen Sponsoren des fünfzigsten Jahrgangs wollen auch 1998 zur Stange halten.

Pavel Dolezel sorgte in den schwierigsten Jahren vor allem für die Präsenz im Jahres-Rennkalender. Dort blieb die Friedensfahrt, wenngleich nach heutigen Gesamtkriterien der frühe Mai-Platz eher ungünstig ist. Mit Sponsorensicherheit, UCI-Unterstützung und natürlich mit dem Fahrer- und Rennstallinteresse kann es sein, daß die Friedensfahrt eines Jahres den Wert wie, beispielsweise, die Tour de Suisse gewinnt. Das wäre viel!

Wichtiger scheint mir, es gelänge endlich, ein ehrliches gesamtdeutsches Interesse zu wecken. Ein Course de la Paix, der in Hamburg beginnt oder endet, mit Hannover oder Braunschweig, Nürnberg oder Hof als Etappenorten, dazu die in Polen und Tschechien – das gäbe eine Friedensfahrt neuer und starker Qualität.

Viele vergleichen das heutige Rennen allzu sehr und allzu gern mit den Riesenrennen der Vergangenheit, mit der Hoch-Zeit in den fünfziger und sechziger Jahren. Das war. Das kommt nie wieder. Zu unterschiedlich sind die Zeiten.

Damals gediehen Idee und Tour auf Emotionsvoraussetzungen, die längst nicht mehr vorhanden sind. In jenen Jahren gehörte die Rundfahrt, zumindest für Osteuropa, zu den wenigen herausragenden Sport-Großereignissen. Heute existiert ein erdrückendes Überangebot. Das und anderes dazu schaffen grundsätzlich andere Bedingungen. Aber zwei Ur-Gründe sprechen für die Friedensfahrt und deren langes Leben; auch in der Zukunft. Rund um die Welt herrschen Unruhen, Unsicherheiten und leider längst wieder neue Kriege. Friedenssehnsüchte sind nicht gestillt. Eher rufen sie den Sport mit Ereignissen wie die Friedensfahrt.

Widerstände, die sich besonders im Westen formierten, sind zum Teil verständlich. Unbestritten ist, Regierungen und Staatsparteien der ausrichtenden Länder versuchten, politisch Kapital zu schlagen. Sie sonnten sich im Erfolg des Rennens. Das führte auch, wie immer und überall, zu dummen Details. Trotzdem. Keines der teilnehmenden Länder, die im Laufe der Jahrzehnte von allen fünf Kontinenten kamen, sträubte sich durch Widerstand oder Fernbleiben.

Nein. Idee, Organisation, Klasse des Feldes, einmalige Stimmung in allen drei Ländern sorgten für dauerhafte Popularität.

Daß sich manche schon durch das Wort »Friedensfahrt« gegängelt, politisch mißbraucht fühlten, überrascht nicht. Auch nicht, daß schärfste Einwände, gewürzt mit peinlicher Nichtkenntnis, gerade von denen kamen, die alles nur aus der Ferne sahen.

Unumstößlicher Fakt bleibt: Das Rennen entstand auf den Trümmern eines Wahnsinnskrieges, den erneut Deutsche entfesselten. Wieviele Menschen lernte ich in Warschau, Lodz, Krakow, in Brno, Bratislava und Prag kennen, die den Krieg mit Glück, aber auch mit traurigen Schicksalen ihrer Familien überlebten. Nun gehörten sie zu den Gastgebern, zu den Organisatoren, Schiedsrichtern, Journalistenkollegen. Alle, fast alle waren bereit, die Hand zu neuen, friedlichen Kontakten auszustrecken. Das verlieh Kraft und Zuversicht. Oft mußte ich an meine Erlebnisse vom Ostwallbau bis zur Heimkehr denken, an meine Haltung, die daraus wuchs. Bei der Friedensfahrt erhielt ich Bestätigung. Ja, die Welt kann sich verändern, wenn sich die Menschen verändern.

Niemals vergesse ich die furchtbaren Eindrücke beim Besuch der Konzentrationslager Auschwitz und Theresienstadt. Wir Deutsche, dachte ich, wir müssen verdammt viel tun, um endlich den Menschen der Welt dauerhaft Friedlich- und Freundlichkeit zu beweisen.

Zur Friedensfahrtzeit übertrug ich auch von den Radweltmeisterschaften. Das brachte mir die Erlebnisse mit Fausto Coppi, Gino Bartali, Ferdi Kübler und Hugo Koblet, mit van Steenberghen, Anquetil, Merkx, Gaul,

Altig, Hinault … Jetzt stehe ich stramm vor Riis, Ulrich, Zabel jun., und schade, daß Spaniens Rad-König Indurain seine Karriere beendete. Auch der war Friedensfahrer, und Indurain verhieß für mich das Meisterlichste, was ich je bei einem Rennfahrer beobachtete. Alle gehören in die »Ehrenlegion« der Velo-Ritter.

Schade, daß ich nie die Tour de France, den Giro oder die Vuelta begleiten konnte. Dort werden die Spitzenexamina des Straßenradsports abgelegt. André Reuze gab allen Startern zurecht den Namen »Giganten der Landstraße«. Wenn ich vergleiche, wie diese Männer an den Scharfrichtern der Alpen und Pyränäen, beim Contre la Montre, bei den Massenspurts, in Hitze und Gipfelkälte menschliche Höchstleistungen vollbringen, und was sie dafür bekommen, breche ich für sie jede Lanze. Sie müßten bei ihrer Schwerstarbeit auch Schwerstverdiener sein. Vor allem sie.

Emil und die Lokomotive.

So betrachtet, wäre mein alter Freund Emil Zatopek heute allerbester Werbeträger für Lokomotivgeschäfte, die nach den Erfindungen der Cugnot, Avery, Robinson und Stephenson möglich wurden. Emil, die Menschen-Lokomotive.

Und weil es mein Flitz ist, will ich das noch semantisch untersuchen. Locus, lateinisch, bedeutet Ort. Movere heißt bewegend. Daraus wuchs das Wort Lokomotive. Für Emil will ich lokalisieren: Er stammt aus dem Örtchen Koprivnice. Das liegt im Nordmährischen. Aufs movere bezogen, wer bewegte sich jahrelang besser, schneller und ausdauernder als Emil, die Lok?

In Zlin, der nächstgrößten Stadt bei Koprivnice, lief der Lehrling Emil Zatopek sein erstes Rennen. Unter Zwang, auf Befehl. Bei Bata, dem Schuhfabrikanten, war es üblich, alle Werksangehörigen, besonders »alle Stifte«, – wie Emil erklärte – zu einem Großlauf zu rufen. Jedes Jahr. Klar, das bot auch den Chefs und Zwischenchefs, Abteilungsleitern und Lehrmeistern Gelegenheit, vor der Werksleitung zu glänzen.

Emil: »Ich war ziemlich faul. Lieber schlief ich lange oder knödelte mit dem Fußball. Doch laufen …? Als ich hörte, wir müssen, meldete ich mich krank und bekam sogar den Schein dafür. Doch der Meister wurde rabiat. Du rennst!« – Das passierte 1941. Emil hat es nie bereut.

Später, bei einem der Prag- oder Berlinbesuche, erklärte mir der Schwejk unter den Dauerläufern, wie sich alles entwickelte, und was für Lauf-Portionen daraus entstanden.

»Meist arbeitete ich acht Stunden. In der Regel von früh um sieben Uhr bis nachmittags. Erst dann konnte ich trainieren. Hatte ich Nachmittagsschicht, veränderte sich das. Später, in der Armee, verlief es ähnlich. Also, ich rannte immer nach ziemlich festem, heute würde man sagen, sturen Plan. Pro Training waren das fünfmal 200 m, danach zwanzig- bis vierzigmal 400 m, dann nochmal fünf 200-m-Läufe. Dazwischen nie eine Ruhepause, sondern nur leichtes, erholsames Traben.«

Dieses simple Schinderprogramm verblüffte mich. Ebenso, was Emil über die Trainingsprotokolle sagte. »Es gab nichts aufzuschreiben. Warum? Niemals lief ich im Training nach Zeit. Stoppuhren waren verpönt.«

Er rannte im Wald, auf Wiesen, über Felder, auf Straßen und bei schlechtem Wetter immer in knöchelhohen Militärstiefeln.

Wer heute den Kopf schüttelt, der sei erinnert: Schon 1948 in London gewann Emil Gold und Silber. Vor dem ersten Start bei Olympia hatte er übrigens den 400-m-Umfang auf sechzigmal pro Tag erhöht. Damit addierte sich seine Tagesleistung auf 36 km.

Es lockt mich schon, alle Eigenarten, Marotten und auch Schrullen von Emil zu beschreiben. Jeder hat sicher längst bemerkt, daß ich ein großer Zatopek-Fan bin und bleibe. Wenigstens das Wichtigste seiner Läuferlebensresultate in Kürze: vier Gold-, eine Silbermedaille bei Olympischen Spielen; dreimal Europameister, achtzehnfacher Weltrekordler von 5000 m bis 20.000 m; zwischen 1948 und 1954 blieb er in achtunddreißig 10.000-m-Läufen ungeschlagen, und insgesamt bestritt Emil in achtzehnjähriger Laufbahn 334 wichtige Rennen. Höhepunkt der Rekorde war bestimmt die Stundenleistung, denn er schaffte als Erster mehr als 20 km, exakt waren es am 29. September 1951 in Stara Boleslav 20.052 m, und die Tatsache, daß Emil Zatopek als erster 10.000-m-Läufer unter 29 Minuten blieb.

Erstmals begegneten wir uns in Helsinki 1952. Doch bis dahin las ich schon alles über diesen einzigartigen Läufer, was mir in die Finger kam. Außerdem bat ich Kollegen vom tschechoslowakischen Radio um alle möglichen Auskünfte. Was Emil dann im Olympiastadion vor sechzigtausend Zuschauern »verbrach«, ähnelte einem Rififi des Langlaufsports. Hauptbeweis sind die 5000 m.

Emil, die Lokomotive, trieb fauchend alle Konkurrenten bis zum körperlichen Einbruch. Er knackte jeden »Tresor«. Selbst die allerstärksten, Mimoun, Schade, Pirie, Chataway … Emil brachte Reporter zur Strecke. Rings um mich herum, auf der Zieltribüne, sah ich um Luft ringende Sprech-Athleten, die sich gleichfalls bis zum Umfallen verausgabten, Emil dankten und verfluchten.

Ich hechelte mit. So etwas hatte ich noch nie zuvor erlebt. Vierzehn Minuten Rennverlauf komprimiert zum Olympia-Drama. Als dann, nach mehrfachem Führungswechsel, nach ständigem Tempodruck, den Emil mit seiner Spezialmixtur aus Intervall-, Ausdauer- und Tempotraining ermöglichte, als dann der Brite Chris Chataway eingangs der Zielgeraden stürzte, Emil und der für Frankreich startende Algerier O'Kacha Alain Mimoun auf die Tribünengerade stürmten und Emil schließlich mit letzter Tempoverschärfung Gold eroberte, schien das Stadion vor Begeisterung zu bersten. Alle schlecht konditionierten Radioreporter – das Fernsehen spielte noch keine Rolle – sanken ermattet, fix und fertig auf ihre Sitze …

Mir kam es vor, als lebte, schrie und kämpfte ich auf einem anderen Stern. So etwas hatte ich, der Cottbuser, nie geträumt, nicht einmal geahnt. Emil verschaffte mir die Ersterfahrung, was Reporter*arbeit* sein kann.

Und – wie Emil lief …! Lief?

Er schnaufte, keuchte, wackelte, zappelte. Wieder. Oder, korrekter, wie immer. Beim 10.000-m-Lauf, vier Tage zuvor, sah ich ihn so zum ersten Mal. Ich erschrak. O wei, dachte ich, dieser Mann muß gleich sterben, mindestens aber zusammenbrechen … Nichts da. So rannte nur einer. Emil.

»Ich pfeife auf einen guten Stil. Ich laufe wie ich laufe. Hätte ich Wert darauf gelegt, meinen Stil zu verfeinern, es hätte doch nur Zeit geraubt. Die nutzte ich besser für meine Form. Andere sagen, so läßt man nur Pferde arbeiten … Na und? Dann bin ich eben der beste menschliche Galopper.« Von Zatopek stammt auch die kluge Bemerkung: Vogel fliegt, Fisch schwimmt, Mensch läuft. *Wie* – unwichtig, Hauptsache, daß …

Jede Laudatio für Emil wäre unvollständig, sogar unkorrekt, bezöge sie nicht Dana, seine Frau, mit ein. Schon das ist einmalig: beide sind am selben Tag geboren – am 19. September 1922. Richtig – nun sind sie fünfundsiebzig Jahre alt! Und: niemals zuvor und bis jetzt, auch niemals danach, gewann ein Ehepaar vier Goldmedaillen bei Olympischen Spielen. In Helsinki schaffte Emil Gold über 5000 m und 10.000 m sowie 42,195 Marathon-Kilometer. Dana siegte im Speerwerfen, das just zur Stunde des verrückten, stressenden 5000-m-Laufes. Das gab's wirklich nur einmal.

Emil Zatopek verdanke ich übrigens noch eine weitere wertvolle Erfahrung. Als ich ihn, lange nach seiner Läuferzeit, in Prag besuchte, fragte ich nach den Medaillen und Urkunden. Nirgendwo in seiner Wohnung war etwas davon zu entdecken. »Alles ist verschenkt. Weggegeben an Museen, Schulen, Vereine. Ich weiß nicht mehr, wohin überall.«

Das erstaunte mich. Da wurde Emil energisch und deutlich: »Erinnerungen trägt man in sich. Du hast sie im Kopf und im Herzen oder überhaupt nicht. Man stellt sie nicht zu Hause auf Tische und in Vitrinen und Schränke. Wir, Dana und ich, jedenfalls nicht. Wir wollen kein Museum.«

Beim jüngsten Treffen, 1996, wirkte er leider nicht so gut in Form. Manches in den lange überstrapazierten Gelenken knirscht. Doch auch das Lebens-Auf-und-Ab hinterließ Spuren. Besonders schmerzende Diskriminierungen, die ihm im Prager Frühling offizielle Instanzen zufügten, weil Emil zu den Reformern stand.

Zatopek – und sonst?

Und sonst ein riesiges Geschenk! Meine allerersten Olympischen Spiele, und schon deshalb nimmt Helsinki für mich einen Lieblingsplatz unter allen Erinnerungen ein. Ein paar Beispiele nur, die für Hunderte stehen, will ich aus der fünfundvierzigjährigen Versenkung holen …

Paavo Nurmi und Pekka Tillikainen. Nurmi, 1952 war er sechsundfünfzig Jahre alt, existiert als unverändert starke Legende. Keiner gewann – bis 1928 jedenfalls – mehr Medaillen als dieser Läufer-König. Neunmal Gold und dreimal Silber bei Olympischen Spielen – 1920, 1924 und 1928. Ebenso unvergessen sind seine Weltrekorde und sein Ruf als »großer Schweiger«.

Ich sah ihn bei der Eröffnung das olymische Feuer ins Stadion tragen, gemeinsam mit seinem großen Vorgänger, dem Finnen Hannes Kolehmainen, der gar schon 1912 in Stockholm zwei Langlauf-Medaillen für das Läuferland Suomi errang und die über 5000 m in Weltrekordzeit. Kolehmainen erklomm als Dreiundsechzigjähriger die vielen Stufen zum 72,71 m hohen Olympiaturm hinauf, um dort in einer Schale das Feuer zu entzünden. Warum der Turm gerade diese Höhe hat? Die Finnen sind ein ganz besonders traditionsbewußtes Sportvolk und lassen sich keine Chance entgehen, das zu dokumentieren. Ihr Landsmann Matti Järvinen warf 1932 bei den Los-Angeles-Spielen den Speer auf eben diese 72,71 m, was ihm mit Olympiarekord die Goldmedaille brachte.

Viele dieser kleinen und großen Geschichten des verehrten Sportlandes kannte ich vom Lesen. Doch nun, auf Suomis Boden selbst Spurensuche zu treiben, erregte mich und, ja, machte mich auch etwas stolz. Radiokollege Pekka Tillikainen, der schwerste Reporter, den ich je kennenlernte – hundertfünfzig Kilo sind wohl kein Pappenstiel –, machte mich mit Nurmi bekannt. Das wirkte auf mich wie eine Sternstunde, schließlich waren wir als Cottbuser Leichtathletikknirpse beim Spielen entweder Jesse Owens oder Nurmi …

Pekka war nicht der einzige ausländische Sportreporter, dem ich in Helsinki mit Respekt begegnete. Zum Beispiel Heribert Meisel aus Österreich. Mit Wiener Schmäh schmückte der seine Übertragungen, die ich vor den Olympischen Spielen schon zu Hause gehört hatte. Das faszinierte mich, weil er so ganz anders als deutsche Reporter sprach. Locker vom Hocker, ohne jede Gewichtigkeit und ohne die immer wieder durchbrechenden Anleihen aus dem Militär-Vokabular, die bei Deutschen auffällig sind, zudem witzig und mit Fachkenntnis gestaltete Meisel Reportagen im besten Sinne als Unterhaltung. Mir öffnete diese Art neue Horizonte. 1954 zur Fußballweltmeisterschaft in der Schweiz sah ich Heribert noch einmal. Leider verstarb er früh, und mit ihm ging ein Mann, der mit unserer gemeinsamen Sprache dem gesprochenen Wort neue und wertvolle Impulse verlieh.

Ähnlich imponierten mir die Brasilianer. Einmal wegen des später überall populär gewordenen originalbrasilianischen Torschreies »Goaoaoaoaolll« und wegen ihrer unübertrefflichen Zungenfertigkeit. Mit welchem Caracho die Männer von Radio Rio de Janeiro und Radio Sao Paulo alle Wörterketten herunterrasselten und dabei scheinbar ohne Luft zu holen alle geforderten Reklameverse hineinsangen – Donnerwetter!

Schließlich – Rolf Wernicke. Mehrmals beobachtete ich ihn bei seiner Arbeit auf der Stadiontribüne. Er übertrug für die ARD speziell Leichtathletikwettkämpfe und die Eröffnungsfeier. Eines Abends verabredeten wir uns im Hotel. Dort begrüßte er mich als den »Sprecher und jungen Nachfolger aus dem Funkhaus Masurenallee«, wo er bis 1945 tätig war, und er fragte nach diesem und jenem. Meine Einwände, daß ich da nur kurze Zeit arbeitete und nun in die Ostberliner Nalepastraße gehörte, wo ich – wie gerade in Helsinki – für den DDR-Rundfunk spreche, interessierten ihn nicht. Ich hingegen wollte von ihm gern wissen, wie er seine Reportagen anlegt, was er für Stimme und Stimmung tut, doch das interessierte ihn nicht. Später erzählten mir seine Kollegen, er hätte damals, 1952 in Helsinki, schon sehr mit der Gesundheit zu kämpfen, was sich bald durch seinen Tod bestätigte. Wernicke wurde nicht einmal fünfzig.

Für meine Generation, für die im Krieg Aufgewachsenen, war er *die* Radio-Stimme überhaupt. Alles, was ich von den Berliner Spielen 1936 aus der »Goebbelsschnauze«, dem Volksempfänger, hörte, nahm unbewußt Einfluß. Er schilderte Jesse Owens Sprints, Kitei Sons Marathonsieg und war Reporter vieler Fußball-Länderspiele. Wie ich später erfuhr, übertrug Wernicke auch Staatsakte und andere politische Geschehnisse der Nazizeit. Nach 1945 geriet er, wie andere Radioleute, zunächst in politische Turbulenzen. 1952 war Wernicke, auch wie viele einstige Kollegen, bei der neugegründeten ARD, er speziell beim Südwestfunk angestellt. Und eine ganze Reihe vollzog eine Zweit- und Neukarriere.

Während Rolf Wernicke in Helsinki einer größeren Reportermannschaft angehörte, bestritt ich zwei Wochen lang täglich ein 24-Stunden-Solorennen. Kreuz und quer hetzte ich durch die angenehme Stadt am Meer, immer auf Achse und ohne Taxe, von Ereignis zu Ereignis. Tatsache ist, so viel mußte ich niemals mehr rackern. Um Mitternacht sank ich schlapp ins Hotelbett, um dann lange wachzuliegen, weil ich die Flut der Eindrücke nicht verdauen konnte.

Trotzdem, oder gerade auch deshalb, erwies sich Helsinki als eine der reichsten Fundgruben meines Lebens. Unübertroffen auch im damals noch echten olympischen Geist. Zwar schienen zwei Olympiadörfer – getrennt nach Ost und West – anderes zu belegen. Doch gemessen an der späteren Entwicklung, erscheint mir das Olympia-Rendezvous anno 1952 wie eine Weltinsel der Hamonie, der Fairness und Friedlichkeit. Auch der Premierenstart sowjetischer Athleten zeigte sich ganz und gar nicht als möglicher Störfaktor, sondern als fällige Ergänzung der olympischen Familie. Sieger wie die Turnerinnen Gorochowskaja und Botscharowa, die Turner Tschukarin und Schaginjan, der Ruderer Tjukalow, die Leichtathletin Tschudina und andere Asse des Sports bereicherten die Olympia-Spitze.

Über alles Gute breitete sich dennoch ein Schatten. DDR-Sportlern wurde die Teilnahme verwehrt. Dies muß auch mit dem langen kalendarischen Abstand als böses Foul, vor allem gegen die Betroffenen, bezeichnet werden. Beide deutschen Seiten sahen – wie in den folgenden »kalten« Jahren üblich – die Schuld immer beim anderen. Historiker werden das hoffentlich eines Jahres korrekt analysieren und darstellen. Richtig ist, heute wie damals in Helsinki, dem Sport, den Sportlern, der olympischen Idee fügte das Schaden zu. Ob Lothar Meister, seinerzeit einer der stärksten Straßenrennfahrer überhaupt, oder Siegfried Herrmann und Rolf Donath, die Mittelstreckler, ob die Boxer Herbert Brien, Hans Roback oder Ulli Nitschke, die Schwimmer Reich, Bodinger und vor allem Jutta Großmann, die spätere Jutta Langenau, alle besaßen Eliteformat und hätten den Start ebenso verdient wie Marianne Werner, die Kugelstoßsilber gewann, Reiter Fritz Thiedemann, der Bronze erritt, Alfred Schwarzmann, der am Reck Silber erturnte … Richtig ist ebenso der radikale Unterschied, der den Wiederaufbau des Sport nach 1945 in der DDR und in der Bundesrepublik kennzeichnet, vor allem, welche Kräfte ihn betrieben. Hier die neuen, dort die alten.

Alles in allem – Helsinki, »kiitos«, danke –, meine nach der Friedensfahrt 1952 zweite wertvolle internationale Reporterstation gab mir, vierundzwanzig Jahre alt, Gewißheit und Zuversicht: Ja, ich bin auf dem richtigen Lebensdampfer. Ich will das. Und kann das. Hier gehöre ich her. Und, auch das sehe ich heute wie gestern, es erfüllte meine Träume von einer friedlichen und vielleicht einmal freundschaftlichen Welt, zu der Sport viel beitragen kann.

Bern

Nach Mediziner-Terminologie bedeutet Appendix, exakt Appendix vermiforis, Wurmfortsatz, nicht bloßer Anhang. Da ich meinen Appendix, Blinddarm, im Sommer 1954 dummerweise genau in den Wochen der Schweizer Fußballweltmeisterschaft einbüßte, will ich aber einen Berner Anhang schreiben.

Es traf mich wie ein Eigentor. Zu lange schleppte ich alle schmerzenden Zeichen durch die Fußballtage. Schon beim ersten, dem Deutschland-Ungarn-Match im St. Jacob-Stadion von Basel, das mit 8 : 3 für die Magyaren ausging, war mir mulmig. Im Züricher Grashoppers-Grund, wo auch Theater- und Filmgrößen wie Hans Albers und Gustav Knuth – damals am Züricher Schauspielhaus engagiert – die Partie Türkei–Deutschland mitverfolgten, machte es dann peng, und ich quälte mich noch bis Bern, in unser Quartier. Nächtens war Feierabend. Ab ins Spital und fast zu spät. Ein geplatzter Appendix vermiforis ist hinterhältig. Wochenlang lag ich erst in Bern und dann noch einige Zeit zu Hause.

Vermasselte Weltmeisterschaft? Nur bedingt. Wenn auch erst aus direkter und dann aus Bettansicht, die WM '54 war interessant. Tagtäglich hörte ich Schweizer Reportagen in Französisch (Radio Sottens), Italienisch (Radio Monte Ceneri) und vor allem in Deutsch (Radio Beromünster). Was ich in den mir fremden Sprachen nur schwach verstand, wurde spannend ergänzt durch die Stimmenmusik und Reporter-Emotionen. Alle Sprecher kannte ich. Dabei glänzten die Monte-Ceneri- und Sottens-Männer mit Leidenschaftlichkeit und Tempofeuerwerk. Besonders Lelio Rigassi, Sohn des legendären

Schweizer Reporters Vicco Rigassi, der in allen drei Sprachen, buntgemixt übertrug, überzeugte in den Spuren seines Vaters. Der galt als die Menschenfreundlichkeit in Person und brillierte als souveräner Gastgeber und Reporter bei vielen Radweltmeisterschaften auf Straße und Bahn. Meine Bett-Beobachtungen jedenfalls, dieses stundenlange Radiohören, lieferten mir Hinweise auf Handwerk und Persönlichkeit in Fülle. Besonders Hans Suter, der für Beromünster sprach. Als gelernter Lehrer, studierter Schulmeister, fertigte er auch seine Reportagen wie ein Fußball-Pestalozzi. Wobei wahrscheinlich jener schweizerische Volkserzieher vor hundertfünfzig Jahren lockerer und unterhaltsamer gewesen ist als Lehrer-Reporter Suter im Jahre 1954. Furztrocken – ich erlaube mir, die Ausdrucksweise des einstigen Nürnberger Schuhmachermeisters und Volksdichters Hans Sachs zu benutzen –, furztrocken dozierte Suter am Fußballmikrofon. Er zerpflückte die Szenen krümelkackerisch, kritisierte und zensierte wie beim Schulaufsatz, und das machte beim Zuhören alles, nur keinen Spaß.

Schade. Das tat weh. Fast wie das Leck im Bauch.

Ich will aber heute noch anhängen: Meister der Trockenheit sind weiter unter uns. Auch auf deutschen Wellenlängen. Sie gebärden sich schlaumeierhaft als Erfinder des Spiels, als Theoretiker der Sonderklasse, als Besserwisser im ständigen Kampf um den »goldenen Holzkopf«. Im Quotengerangel gesellt sich aber noch ein anderer Reporter-Typ dazu – Gaggackerer. Alles muß auffällig, von aufgesetzten, aufgeschriebenen »knalligfetzigen« Formulierungen überladen sein. Sie treibt der urfalsche Grundsatz, »zu viel ist besser als zu wenig«.

Wolfgang Hempel, Reporterfreund seit fast fünfzig

Jahren, bildet eine andere Kategorie. Beim Schweizer WM-Marathon mußte er nach meinem Ausscheiden die ganze Übertragungslast allein bis zum Berner Finale tragen. Er schilderte komplett die neunzig Minuten des 3 : 2 der deutschen Elf mit Fritz Walter und Gefährten gegen Ungarns Puskas-Ensemble. Herbert Zimmermanns ARD-»Tooooor«, das Rahns Treffer begleitete, konnte ich nicht hören, nicht empfangen. (Mein Final-Mix lieferten wieder die Schweizer Drei.) Zwischen den Spielen besuchte mich Wolfgang Hempel oft im Spital, und erzählte von seinen Eindrücken zwischen Lausanne und Basel, und ich erzählte von meinen am Radio.

Wolfgangs Stärken sind gut sortiert. Zum einen versteht er eine Menge vom Spiel und seinen Interpreten. Zum anderen verfügt er über die notwendige Stimmkraft und Vermittlungsfähigkeit, das Wissen nicht aufdringlich, immer fußballfreundlich, nicht kicker-arrogant an den Mann, an den Hörer und Zuschauer zu bringen. Zweifellos gehörte er, speziell im Fußball und im Eishockey, immer zu den deutschen Spitzensprechern.

Geld

Weil ich gerade über den angenehmen Fußball von gestern nachdachte, mich an Bern und ganz persönliche Zusammenhänge erinnerte, will ich auch keinen Bogen um den Fußball von heute machen. Und, wenn's auch etwas unangenehm wird, dies ist und bleibt nun mal mit dem Blick aufs Geld verbunden. Gleiches ließe sich natürlich auch über die Damen und Herren Tennisspieler, Formel-1-Piloten und selbstverständlich noch andere Sportmillionäre berichten. Da aber Fußball immer noch als des Volkes Lieblingssport gilt, will ich mit diesem Thema dabei bleiben.

Fritz Walter, damals in Bern, oder Richard Hofmann und Helmut Schön zuvor, alle Altvorderen erhielten ein winziges Handgeld, gemessen an dem, was jetzt Fußballjünglinge zu Banken tragen. Ja, höre ich, immer derselbe Quatsch. Können schließlich wir dafür, daß es andere Zeiten waren? Heute ist es so. Und basta.

Schön wär's, könnte man es ausschließlich auf den Wandel der Zeiten reduzieren. Der Menschenwandel, der krasse Werte- und Haltungsverfall bilden das Hauptproblem. Zum Geldtausch gehören immer zwei. Der, der zahlt, und der, der nimmt.

Was heute geschieht, unterstreicht alle unangenehmen Feststellungen über das krankhaft auswuchernde Geschäft mit dem Sport. Um Mißverständnissen vorzubeugen: Es geht überhaupt nicht ums Bezahlen, sondern um das Wieviel. Und das treibt ins Uferlose. Es unterspült die Fundamente gesellschaftlichen Zusammenlebens.

Da Zahlen am nachdrücklichsten beweisen, ein Beispiel von Hunderten. Ein Spieler kassiert im Jahr fünf Millionen Mark. Kommt er jährlich fünfzigmal zum Einsatz, bezöge er eine jeweilige Spielgage von hunderttausend Mark, was für jede Minute dann 1.111,- DM bedeutet. Egal, ob dabei überhaupt den Ball berührt oder gerade das Hemd wechselt.

Wer will das rechtfertigen? Rechtfertigen vor Millionen, die von solchem Minutensalär einen ganzen Monat leben? Wer sieht noch eine moralische und soziale Gerechtigkeit, wenn Millionen fleißige Menschen, die glücklicherweise Arbeit haben, in einem ganzen Jahr ihres Lebens das Einkommen beziehen, erarbeiten, wie dieser Fußballspieler in einer Halbzeit ...!?

Wie sehr Geld verdirbt, demonstrieren diese Großverdiener selbst. Wer viel hat, will immer noch mehr. Genereller freiwilliger Verzicht gehört längst zur Vergangenheit und wird milde belächelt. Statt dessen fordern Sportreiche noch Extra-Urlaubsgeld, und ihnen bleiben stille Reserven wie Schlechtwetterzulage, Kleidergeldzuschlag, Trennungsgeld, Essenkostenpauschale ... Oder?

Um nochmals an Bern und wahrhaftig andere Zeiten zu erinnern: Fritz Walter und seine Mitstreiter durften noch zurecht Worte wie »Elf Freunde müßt ihr sein ...« im Munde führen. Die Elf, die heute gleiche Trikots überstreifen, sind jeweils elf Fußballfabrikanten, die für neunzig Minuten in einer Gesellschaft mit gemeinsamen Interessen, maximalen Gewinn anstreben. Danach streben sie getrennt zu den Mobilen.

Noch ist auch aus Gründen der Gerechtigkeit anzufügen: den Millionären und eigentlich jedem Kicker steht Zusatzgeld zu. Es müßte aus den Kassen der Politiker, speziell von den jeweils Regierenden kommen. Ablenkungsgeld.

Was seit Tausenden Jahren gilt, panem et circensis, Brot und Spiele, genießt heute eine neue Blüte. Nichts lenkt wirkungsvoller von allen Sorgen und Problemen ab als Sport, besonders die massenwirksamen Sportarten. Dabei rangiert Fußball immer noch ganz vorn. Selbst der Arbeitslose, aber viele andere Gebeutelte auch, zahlen ihren Fußballobolus, um knappe zwei Stunden in die realistischste aller Scheinwelten zu entgleiten, wo ihnen die Welt noch in Ordnung scheint. Und das Fernsehen multipliziert diesen Vorgang in weitere Millionen-Dimensionen.

Cortina

In Cortina d'Ampezzo 1956 staunte ich Bauklötzer. Als Flachland-Tiroler, der aus den Kiefernwäldern der Lausitz kam, sah ich erstmals richtige, ganz richtige Berge. Gut, bei den Oberhofer Wintersportmeisterschaften freute ich mich auch über die 800 Meter hohen Hügel, und ich hatte schon die 54er Skiweltmeisterschaften in Falun erlebt, wo unsere Springer unter »ferner waren dabei« landeten. Und ich kannte schon den skisport-weltberühmten Holmenkollen vor Oslos Toren. All das bot jedoch keine wirklichen Berge. Nun umzingelten mich die Dolomitenriesen von Monte Christallo bis Monte Falloria.

Mir gefiel, daß hier erstmals DDR-Wintersportler – und zwar auf IOC-Geheiß – in einer deutschen Mannschaft starteten. Jenes Team, einundfünfzig west- und zwölf ostdeutsche Athleten, war sicherlich keine besonders homogene Truppe, vielleicht nicht mal eine harmonische, dennoch war es ein Fortschritt gegenüber Helsinki 1952.

In der viermal 10-km-Staffel starteten zwei West- und zwei Ostdeutsche, Rudi Kopp und Hermann Möchel sowie der Thüringer Haudegen Kuno Werner und Siegfried Weiß. Daß sie nur Zehnte wurden, elf Minuten hinter den Goldgewinnern aus der UdSSR, spielte keine Rolle. Es war ein Beginn.

Über 50 km, die als Ski-Marathon bezeichnet werden, landete der Harzer Werner Mohring auf Platz zwanzig. Sein Rückstand zum Sieger Sixten Jernberg aus Schweden summierte sich auf erhebliche dreißig Minuten, aber Mohring, ein großer Kämpfer, besiegte dabei immerhin das Rekord-Mißgeschick von vier Skibretterbrüchen …

Natürlich bewunderte ich solche Könner wie den dreifachen Golderoberer Toni Sailer. Österreichs Liebling war auf den felsigen Steilhängen, bestens schneepräpariert, nicht zu bremsen. Ebenso später bei seinen Geschäften in der Film-, Schlager- und Hotelbranche.

Apropos Showbusiness, damals staunte ich noch über Stars am Pistenrand, bei Pressekonferenzen und dem, Neuland für mich, Après-Ski. Als man Sofia Loren präsentierte, pirschte ich mich mit meinem Uraltfotoapparat ganz nach vorn. Beim Eiskunstlaufen schilderte ich die Vorträge von Tenley Albrights und Alain Jenkins. Dadurch wiederum geriet ich an Dick Button, den ABC-Reporter.

Button, korrekt Richard Totten Button, allseits nur Dick genannt, siegte 1948 in St. Moritz und 1952 in Oslo, und der zweifache Kunstlauf-Goldmedaillengewinner avancierte zum jahrelang populärsten US-amerikanischen Eiskunstlauf-Kommentator. Wir tauschten am Rande der Bande unsere Informationen über Gaby Seyfert bis Katarina Witt, über Peggy Flemming bis Debbie Thomas aus.

Was mir speziell imponierte, waren die Bob-Athleten. Wie die mit ihren Podarschlitten und anderen Stahlvehikeln durch die Pista di Ronca preschten, mein lieber Mann! Als Reporter an der alten Oberhofer Naturbobbahn verging mir schon Sehen und Hören, als Hansen und Co., Anfang der fünfziger Jahre, vom Bahnsprecher und Ortsfrisör Teddy Lenz angekündigt und angefeuert, durch die Kurvenschlingen schleuderten. Hier schien mir alles noch verrückter.

Und bei minus 25 Grad Celsius, in einen leichten, hellen Trenchcoat gehüllt, kleine Eiszapfen an Mund und Mikro, traf ich dabei Sammy Drechsel. Wir hatten uns schon zur Eishockey-Weltmeisterschaft 1954 in Stockholm kennengelernt und gemocht. In Cortina unterhielten wir uns abendelang, denn Sammy Drechsel gehörte zu den Kollegen, die uns Ostlern ohne jegliche Scheu und Vorurteile begegneten. Da er ohnehin ein aufgeschlossener Typ, witzig und zu allen möglichen Schandtaten bereit war, gab es überhaupt keine Verständigungsprobleme.

Als Berliner, der für den RIAS gearbeitet hatte und nun bei Joseph Kirchmaier und dem Bayerischen Rundfunk reporterte, verkörperte Sammy eine ganz besondere Mischung. Außerdem fungierte er jahrelang als Chef oder Mit-Chef bei der Münchner Lach- und Schießgesellschaft. Diese Kabarettmannschaft um Dieter Hildebrandt galt über zwanzig Jahre zurecht als Deutschlands Goldmedaillengewinnerteam dieser Branche – einfach unschlagbar. Drechsel bot noch Sportreportagen in einem längst ausgestorbenen Stil. Originell, unverwechselbar, urwüchsig, berlinerisch mit Bayern-Akzent. Er schrieb auch ein Jugendbuch, »Elf Freunde müßt ihr sein«, und das kam erstmals 1955 auf den Markt und erlebte dann elf Auflagen. Jetzt liegt es vor mir, mit der persönlichen Widmung des auch viel zu früh verstorbenen Autors.

Originale anno 1997?

Unverwechselbare Reporter- und Moderatorentypen? Überwiegend Fehlanzeige. Besonders bei den Privaten versammeln sich Gleichgetrimmte, fast Geklonte, Männerbarbiepuppen mit gleichem Schaufensterlächeln, denselben flotten Sprüchen im immer gleichen Vokabular. So wird gebeckmannt und gekernert.

Springen wir zurück nach Cortina.

Auf der Trampolina Italia geschah nämlich am 5. Februar 1956 Großartiges. Harry Glaß aus Klingenthal im Vogtland gewann hinter den Top-Finnen Hyvärinen und Kallakorpi die Bronzemedaille. Für den DDR-Sport die allererste Olympiamedaille überhaupt. Harry verpaßte Silber nur um einen halben Punkt. Wer ihn zu seiner Hoch-Zeit springen, eigentlich segeln, sah, wie es ihn tatsächlich butterweich und elegant im seinerzeit revolutionären Fisch- oder Däscherstil meist weit nach unten trug, der wird das nie vergessen. Komme ich heute nach Klingenthal, wo es hoffentlich bald wieder nicht nur im Wintersport aufwärts geht, versäume ich keine Chance, den nun Siebenundsechzigjährigen zu treffen. Harry Glaß war der erste Deutsche überhaupt, der eine Skisprungmedaille nach Hause brachte. Wie gut die deutschen Schanzenspringer damals schon waren, belegt ihre gute Plazierung mit Max Bolkarts viertem und Werner Lessers achtem Platz. Alles immerhin unter insgesamt einundfünfzig Startern aus sechzehn Ländern.

Und, damit ich das auf gar keinen Fall vergesse: Trainer Hans Renner galt und gilt bis heute als der Mann, der Experte und auch Erfinder der Matten, die erstmals Sommerspringen ermöglichten. Er legte den Grundstein für die späteren Erfolge, die vor allem mit Helmut Recknagel und Jens Weißflog auf den Gipfel der Gipfel führten.

Melbourne

Was Harry Glaß in Cortina vorsprang, Wolfgang Behrendt setzte es am 1. Dezember 1956 im West-Melbourne-Stadion fort. Gegen Südkoreas Bantamgewichtler Soon-Chung Song siegte der Berliner klar nach Punkten und verließ als strahlender Goldmedaillengewinner den Boxring. Später, in Berlin, war dem kleinen Pfiffikus ein jubelnder Empfang gewiß. Sein Golderfolg war der erste für die DDR, und in die Siegesserie deutscher Olympia-Faustkämpfer trug sich Behrendt nach den beiden Gold-Männern von Berlin 1936, Kaiser und Grupe, als »dritter Mann« ein.

Wolfgang Behrendt war in Melbourne einer der 36 Ost-Starter bei 123 von der Westseite. Er arbeitete nach seiner Boxerlaufbahn beim DDR-Fernsehen als Kameramann und danach – bis heute – als freischaffender Fotoreporter. Was ihm wahrscheinlich kein Boxer der Welt nachmacht, und ganz bestimmt kein Olympiasieger im Boxen, der mittlerweile Einundsechzigjährige bläst – als Autodidakt – vorzüglich Trompete. Als Mini-»Satchmo« unterhält er bei Shows und Galas. Was mich besonders freut: so wie ich damals seinen Goldkampf als Radioreporter schilderte, bin ich inzwischen häufig in gemeinsamen Veranstaltungen Interviewer und Ansager seiner »Il Silentio«- oder »Strangers in the night«-Auftritte.

Alle Olympiaübertragungen 1956 von Australien entpuppten sich als einmalige Attraktion. Wobei wir damals allerdings andere und deftigere Worte für alle Leitungs- und Tonprobleme nach Hause fluchten. Mit dem Technikstandard war – gemessen an der stürmischen Technikentwicklung folgender Jahre – wahrhaftig noch kein Staat zu machen. Zum einen ging das gesprochene Wort den Weg durch Meereskabel, dann aber auch über Langwellen, die sich im Äther schaukelten, zirka zwanzigtausend Kilometer weit. Beschwörend meldeten sich die Berliner Funkhaus-Kollegen: »Bitte, bitte! Unbedingt langsam sprechen ... Hört ihr, l-a-n-g-s-a-a-m!« Beim Boxkampf von Behrendt hörte sich das so an: »Wolfgang duckt ab ... Song ... schlägt ins ... Leere ... Gut ... Wolfgang ... Ja, er fintiert ... links ... rechts ... trifft! Priiimaaa ...« Und alles kaugummimäßig gedehnt. Ich muß gestehen: So, mit gewissermaßen hart angezogener Handbremse zu schildern, noch dazu, wenn es um Gold geht, ist wie Selbstkasteien. Schlimm. Hinzu kam, eine Runde, die alles entscheidende dritte, kam im Funkhaus überhaupt nicht an. Entweder soff sie im Meer ab oder verirrte sich in den Wolken. Es bleibt ewiges Geheimnis.

Helmut Bantz gewann Turnergold beim Pferdsprung. Ursula Happe errang die Goldene beim 200-m-Brustschwimmen und die Leipzigerin Eva-Maria Elsen schaffte noch Bronze. Letzteres gelang auf den Broadmeadows auch dem deutschen Radrennfahrer-Trio, zu dem Täve Schur und Horst Tüller aus der DDR wie der Schweinfurter Reinhold Pommer vom Bundesrepublik-Kontingent der deutschen Mannschaft gehörten. Übrigens, viele werden sich kaum noch erinnern, für die deutschen Sieger spielte der australische Gastgeber der Spiele – wie mit dem IOC vereinbart – eine Kurzfassung aus Beethovens Neunter Sinfonie.

Bevor ich vielleicht wieder in ausschweifendes Schwärmen gerate, konzentriere ich mich auf Höhepunkte, die für mich Besonderes bedeuten. Zum Beispiel Bob Morrows Sprintersiege und wie sie der USA-Athlet erstritt! Wladimir Kuz' Erfolge über 5000 m und 10.000 m gegen Englands Gordon Pirie, den schließlich die ständigen Tempoattacken des Russen schachmatt setzten! Al Oerters erster goldener Diskuswurf, dem – Achtung, Achtung! – drei weitere in ununterbrochener Olympiaserie – Rom 1960, Tokio 1964 und Mexiko 1968 – folgten. Fast unglaublich, aber wahr! 1996 begegnete ich Oerter beim traditionellen Werfertag in Halle. Es war ein einmaliges Bild und »gefundenes Fressen« für Fotografen, als der Vierfachsieger mit dem amtierenden Weltrekordler und Diskus-Olympiasieger von Seoul 1988 Jürgen Schult aus Schwerin gemeinsam mit dem zur Zeit regierenden Weltmeister und Atlanta-Olympiasieger Lars Riedel aus Chemnitz zum Interview auf einem Siegerpodest stand und freundlich in die Zuschauermenge grüßte.

Zu den Melbourne-Riesen gehörte auch der Ungar Laszlo Papp. Laszi, wie ihn seine Freunde nennen, besitzt nicht nur die gekrümmtesten Säbelbeine unter allen Klasseboxern der Welt, sondern ebenfalls ein bestechendes Goldkonto. Er gewann in London 1948, Helsinki 1952 und in Melbourne. Einmal im Mittelgewicht und zweimal im Halbmittel. Eine Leistung zum Strammstehen.

Und das Beste kommt zum Schluß: Dazu zählten die Silbersiege von Gisela Köhler, später Birkemeyer, und Christa Stubnick. Christa spurtete über 100 m und 200 m jeweils hinter der Australierin Betty Cuthbert über den Zielstrich, während Gisela über 80 m Hürden nur von Shirley Strickland-de la Hunty bezwungen wurde. Beide wurden von Heinz Birkemeyer, einst »Ostzonen«-

Meister im Sprint und nachfolgend einer der erfolgreichsten Sprinttrainer der Welt, betreut.

Die Deutschen, las und hörte man, stellten sich auf dem fünften Kontinent als sympathische gemeinsame Mannschaft vor. Die auch das öffentliche Sportklima beeinflussenden Querelen nahmen erst in den folgenden Jahren zu, als kalte Krieger von links und rechts auf den Plan traten und die Politik immer stärker in den Mittelpunkt drängte.

Auch sie belegen Angenehmes.

Melbournes Spiele endeten am 8. Dezember 1956. Noch nicht ganz im Zeitalter des Düsenjets angekommen, mußten alle ziemlich lange warten, bevor die Propellermaschinen in Richtung Heimat abhoben. Das schenkte Muße, sich noch etwas umzusehen, Land und Leute zu betrachten, aber auch Kollegen näher kennenzulernen.

Reiner Zufall, gerade an meinem neunundzwanzigsten Geburtstag lud man uns zu einer interessanten Tour ein. Werner Eberhardt, Wolfhard Kupfer und ich bildeten den DDR-Teil im deutschen Radioaufgebot. Zur anderen, zur bundesrepublikanischen Seite gehörten von den bekannten Reportern der Stuttgarter Gerd Krämer und der Hamburger NDR-Sportchef Herbert Zimmermann. Oft dachte ich in späteren Jahrzehnten, warum sollte so etwas wie der gemeinsame Ausflug, das gemeinsame Strandfußballspiel und sachliche und freundliche Gespräche miteinander, nicht mehr möglich sein. Richtig ist wohl: zu Verstimmungen, zum Abkapseln, oder wie man es auch nennen will, gehören immer zwei Seiten.

An Melbournes Strand, vierzehn Tage vor Weihnachten unter Australiens Sommersonne und bei dreißig Grad im Schatten, begegneten wir uns schattenlos. Herbert Zimmermann, seit dem Rahn-Torschrei von Bern deutschlandweit populär, wirkte in der Runde am ausgelassensten. Wir sprachen gegenseitig Einladungen aus und tauschten Adressen. Zimmermann, der meine Nachkriegsabenteuer und deshalb meine Hamburg-

Sympathien kannte, frozzelte: »Du kannst immer kommen, mußt aber immer wieder nach Hause zurück ...« Keiner wußte, was alles auf uns zukommt und wie das Leben spielt. Herbert Zimmermann starb nach einem Autounfall ... Ihm gebührt zu seiner besten Zeit die Spitzenposition unter allen westdeutschen Reportern. Doch ebenso der Kölner Kurt Brumme, Rudi Michel in Baden-Baden und Harry Valerien in München, um nur an einige zu erinnern, waren erstklassige Sprecher.

Bei uns zählten Wolfgang Hempel und Werner Eberhardt immer zur ersten Reihe. Werner gelangte aus Bischofswerda über Leipzig vom MDR, wie wir alle, ins Funkhaus Nalepastraße. Seine Stärken setzten sich vor allem im Fußball, in der Leichtathletik und im Wintersport durch. Da blühte er auf. Da ging es ihm wie Oberlausitzer Pfefferkuchen über die Zunge. Manchmal bedauerte ich, daß es ihm nur selten glückte, seinen herrlichen Alltagswitz, seine zig aus dem Hut gezauberten Bonmots in die Reportagen einzubringen. Vielleicht bremsten ihn alte, zu alte Vorbilder allzusehr. Dennoch, Werner Eberhardt gab uns Hunderte sehr gute Reportagen, und mit ihm gemeinsam zu übertragen, wie zu unserer »Urzeit« in Berlin 1950, machte Vergnügen.

Sidney

Vorm Flug Richtung Heimat wurde Sidney letzte Olympiastation. Überall flatterten die »Merry Christmas«-Spruchbänder im Sommer- und Meereswind. Aus allen Lautsprechern dudelten altbekannte Weihnachtslieder, und Mario Lanza, der damalige Pavarotti oder Careras, gab in der Kathedrale ein Happy-Christmas-Konzert.

1985 kam ich noch einmal zu diesen Stätten zurück. In Canberra, Australiens Hauptstadt, erlebten wir beim Leichtathletik-Weltcup ein Feuerwerk hochklassiger Leistungen, darunter Marita Kochs 400-m-Weltrekord.

Wieder in Sidney, vorm Absprung über die Meere und Kontinente, ahnte damals noch keiner, daß sich hier, an der Südküste Australiens, in Neusüdwales im Jahr 2000 die Sportwelt zu den Olympischen Sommerspielen, den zweiten auf diesem Erdteil, einfinden wird. Daß im Wettlauf um die Jahrtausendspiele Sidney unter anderen Bewerbern auch Berlin bezwang, ist nicht vergessen. Im Besonderen alle dilettantischen Fehler der Berliner Verantwortlichen.

Sidney, ganz Australien, ist mit Sympathie für dieses Land gutes Gelingen zu wünschen. Dort, wo Toleranz nicht nur geschrieben wird, bekommen die Spiele eine neuerliche Heimstatt.

Pele

Zuerst stelle ich diese Visitenkarte mit allen Leistungen und Taten voran: Edson Arantas do Nascimento, 1940 im brasilianischen Tres Coracóes geboren, genannt die »schwarze Perle«, begann 1952, zwölfjährig im Barfuß-Team Sete de Sétembro, und schon damals rief man den Sandfußballer Pele. Er wechselte dann in das Jugendteam des FC America Rio de Janeiro, danach zum FC Bauru und schließlich, 1956, zum FC Santos, wo er mit sechzehn Jahren sein Profidebüt gab und bereits kurze Zeit später – immer noch sechzehnjährig (!) – in Brasiliens Nationalmannschaft einzog, mit der er viermal um die Weltmeisterschaft spielte und dreimal Weltmeister wurde. Und weiter: In jeder nationalen Meisterschaftssaison erzielte er über siebzig Tore. 1959, Brasiliens Rekord – 127! In 93 Länderspielen schoß er 80 Treffer. 1977, im endgültigen Abschiedsspiel seiner fünfundzwanzigjährigen Laufbahn, gelang Pele im 1363. Match seiner Karriere sein 1278. Tor. Pele brach alle Rekorde. Nach dem Schlußpfiff dieses einmaligen Fußballerweges arbeitete er als Rundfunk- und Fernsehreporter und war auch eine kurze Zeit Trainer.

Zu keinem anderen Fußball-s-p-i-e-l-e-r fiele es mir ähnlich leicht, anerkennende Worte in Hülle und Fülle zusammenzutragen. Pele war und bleibt für mich der allerbeste. Nie zuvor und nie danach sah ich einen Ball-Zauberer auch nur annähernd gleichen Formats. Und besonders denke ich bei meiner Lobeshymne, die ich voller Überzeugung singe, an den jungen, erst siebzehn-, achtzehnjährigen Edson Arantes.

1958 verblüffte er sicherlich nicht nur mich bei der

Fußballweltmeisterschaft, als Brasilien und Schweden im Stockholmer Rasunda-Stadion das Endspiel bestritten. Gemeinsam mit Wolfgang Hempel übertrug ich die Begegnung. Das Match geriet zur Fußball-Sinfonie. Was Pele im orchestralen Verbund mit den anderen Gelbblauen, Gilmar, den beiden Santos, Zito, Bellini, Orlando, Garrincha, Didi, Vava und Zagalo, gegen Schwedens Kämpen um Hamrin, Gren, Liedholm und Skoglund bot, bedeutet mein allerschönstes Fußballerlebnis dieser vier Jahrzehnte. Das Größte an Kickerkönnen, was ich je sah. Gepaart mit Witz und Inspiration, gestützt auf jugendliche Kondition, auf überragende Technik und mit fast übermütiger Lust und Laune erzielte Pele beim 5 : 2 für Brasilien zwei Tore.

Von Pele, der heute Sportminister in Brasilien ist, schließe ich generell und überzeugt auf den brasilianischen Fußball insgesamt. Da, in Rio und Sao Paulo, gewachsen aus dem Strand- und Sandfußball, wird der beste und zugleich schönste, der lebendigste, der einzige karnevalistische Fußball der Welt gespielt. Natürlich darf jeder, der will, getrost auch den britischen und deutschen, den italienischen und spanischen, den französischen und inzwischen besonders den afrikanischen Fußball loben. Einverstanden.

Recknagel

Im Frühling 1997 feierten wir seinen sechzigsten Geburtstag. Im Frühling seines Skispringerlebens schwang sich der Thüringer aus Steinbach-Hallenberg zum Weltmeister und Olympiasieger empor. Er gewann die schwierigsten Bewährungsproben aller Skispringer, die Etappen-Vierschanzentournee, Skiflugwochen, Klassikerspringen, und alles in Serien. Er vollzog 1957 einen skisprunghistorischen Paukenschlag, da er als erster Nichtskandinavier am legendären Osloer Holmenkollen siegte. Helmut Recknagel, promovierter Tiermediziner, Meisterschüler des großartigen Trainers und Erfinders der Matten-Schanzenbelege Hans Renner.

Vieles Wintersportliche meines Reporterlebens verknüpft sich mit Recknagels Taten und Triumphen. Besonderen Stoff, aus dem Reporterträume sind, vermittelte er 1962 im polnischen Zakopane. Dort ritt er zum Doppelweltmeister durch die Lüfte und stand tollkühne Sprünge. So etwas vergißt man nie. Aber auch das nicht, was 1960 bei seinem Olympiasieg im US-amerikanischen Squaw Valley geschah.

Im Tal der Indianerfrau gewann er als erster deutscher Skispringer eine Goldmedaille. Keiner konnte ihm damals das Wasser reichen. Nicht der Finne Halonen, der Österreicher Leodolter, der Russe Kamenski oder der Norweger Yggeseth, und auch nicht Max Bolkart, der Bayer aus Oberstdorf, der als Olympia-Sechster gleichfalls hervorragend sprang. Und, was Recknagel-Auftritte bis zum Ende seiner glanzvollen Karriere effektvoll machte – er segelte konservativ zu Tale. Als andere längst mit den Händen an der Hosennaht im Däscher-, Fisch- oder Harry-Glaß-Stil neue Stilnoten einheimsten, entriß Recknagel immer noch mit weit vorgestreckten Armen – wie weiland Birger Ruud – seinem Vogelflug Meter um Meter. »Das ist und bleibt ein möglicher Stil«, behauptet er bis heute und fügt hinzu: »Wer will beweisen, ob das nicht wiederkehrt?«

Woran ich aber noch bei Recknagels Olympiasieg erinnert bin, sind politische Begleitumstände spezieller Art, die auch heute nicht sang- und klanglos unter den Tisch zu kehren sind. DDR-Trainer und -Journalisten erhielten keine Einreisevisa. »Kommunisten bleiben draußen«, lautete die Devise. Kalter Krieg und erste Folgen. Abgesehen vom bösen Verstoß gegen die Olympia-Charta und allen damit zusammenhängenden Verpflichtungen, die ein Olympiaausrichter übernimmt, bleibt dieses Vorgehen außerdem ein Beispiel politischer Lächerlichkeit, da sich dies lediglich auf »Kommunisten« aus der DDR beschränkte. Lange vor folgenden Polit-Knockouts, die Olympia in den nächsten Jahrzehnten hinnehmen mußte, bildete Squaw Valley leider den Auftakt neuen Unfriedens.

Wir, die Berichterstatter, gerieten in ziemliche Bredouille. Doch Not macht erfinderisch, und der »Nun-erst-recht-Effekt« brachte manches zu Wege. An Ort und Stelle sprangen zwei Männer in die Bresche, und im Adlershofer Studio wirbelte eine besessene Mannschaft Tag und Nacht mit Feuereifer und zündenden Ideen. Die Zuschauer folgten begeistert, und es entstand, unbeabsichtigt, ein besonderes Kapitelchen deutscher Radio- und Fernsehgeschichte.

Ludwig Schröder, seinerzeit Generalsekretär des

DDR-Skiläuferverbandes, nahm an der Olympiaschanze die für uns vorgesehenen Leitungen in Anspruch und, zum ersten und zugleich letzten Mal in seinem Leben, ein Reportermikrofon in die Hand. Locker und gänzlich unkonventionell kommentierte er alle entscheidenden Sprünge. Das war gleichfalls Gold wert. Und Jochen Grünwald, Generalsekretär des Eislaufverbandes, tat Gleiches im Eisstadion. Dabei schilderte er mit Verve Helga Haases unvergessene Gold- und Silbersprints. Die machten zudem internationale und deutsche Sportgeschichte, waren es doch Premieren-Erfolge dieses Genres.

Helmut Recknagel, Helga Haase, ebenso Georg Thoma und Heidi Biebl, die ebenfalls Gold errangen, die Silbernen Kilius-Bäumler und Hans-Peter Lanig … das alles war Squaw Valley 1960. Leider mit dem neuen Schatten, der zwölf Jahre nach St. Moritz 1948, als die Nachkriegs-Olympia-Ära begann, Schlechtes befürchten ließ.

Abebe

Schon zweimal begeisterte mich Olympia-Marathon. 1952 in Helsinki, als Emil Zatopek gewann, und dann 1956 in Melbourne, wo O'Kacha Alain Mimoun, der aus El Telagh in Algerien stammende zweifache Silbermedaillengewinner von 1952, nun die Goldmedaille für Frankreich erkämpfte.

Jetzt, 1960, stand ich in Rom auf der Reporterrampe. RAI, Italiens gastgebende Radiostation, ließ ein Stahlgerüst direkt am Konstantinsbogen montieren. So blickte ich während der gesamten Marathon-Übertragungszeit aufs Colosseum, dachte an Gladiatorenkämpfe und Roms große Geschichte. Währenddessen schrieb ein Mann dazu ein neues Kapitel für den Marathon. Bikila Abebe. Nichts ist vergessen, was sich an jenem 10. September 1960 zutrug. Wie üblich suchten alle Reporter untereinander Kontakt. Jeder wollte in Sprechpausen von jedem möglichst viel erfahren. Wer kommt woher, wer ist überhaupt wer … Starter und Chancen wurden diskutiert, abgewogen, aber Bikila Abebe brachte alle durcheinander.

Jedes Zwischenresultat vom 42,195-km-Kurs verwirrte. Selbst die Routiniers unter den Kollegen schüttelten die weisen Häupter. Wie heißt der Mann? Was, er läuft barfuß? Bestzeiten, bisherige Siege …? Nichts gehört. Jedenfalls: ein Äthiopier vorn.

Mich regte das noch nicht auf. Ich hatte mit mir zu tun. Die Umgebung betäubte mich. Konstantinsbogen, Colosseum, Via Appia Antica. Klar, einiges wußte ich noch aus der Schulzeit. Anderes las ich mir vorher an. Censor Appius Claudius Cäcus wollte diese Heerstraße, ließ 312 vor unserer Zeit den Bau beginnen. Nun ist das, wo Kutschen fuhren, Soldatenstiefel trampelten, im römischen Alltag Autos rollen, Schauplatz des olympischen Spektakels. 69 Läufer aus 35 Ländern waren unterwegs. Jede Streckennachricht lautete: Abebe führt. Immer wieder Bikila Abebe. Irgendein Journalist grub noch ein attraktives Detail aus: der Mann zähle zur Leibwache des Kaisers Haile Selassi.

Dann brausten erste Begleitfahrzeuge heran. Carabinieri, die mit ihren Sirenen nicht zimperlich sind. Zuschauerlärmen. In Colosseum-Nähe warteten Tausende. Plötzlich, mit Wasserfallgewalt, setzte auch das babylonische Sprachengewirr auf der Reporterbühne ein. Fackelschein tauchte die »Königin aller Straßen«, wie die Via Appia im alten Rom hieß, in magisches Licht. Eine einmalige Kulisse. Rechts und links wird die Straße auf den letzten Meilen bis zum Bogen des Konstantin, dem Ziel, von einer Gräberreihe mit stattlichen Grabhäusern und Mausoleen flankiert. An allem vorbei rannte ein kleiner, schmächtiger und dunkelhäutiger Mann. Abebe machte die Straße, die für viele schon zur Via mala wurde, zur Via triumfalis.

Schade, meine Reportage von damals gibt es nicht mehr. Zu gern hörte ich heute, ob es mir gelang, all dem gerecht zu werden, vom großen Geschehen wenigstens eine halbwegs gute Schilderung zu geben. Immer noch weiß ich, Abebe, der Sieger, raubte mir fast die Stimme. Nein, nicht mit Heiserkeit, das wurde glücklicherweise nie mein Problem. Es würgte im Hals. Ich war eigentlich von allem viel zu sehr berührt, gerührt. Die Szene beherrschte mich. Nicht umgekehrt, wie es sein sollte.

Fünfundzwanzig Sekunden Vorsprung hatte Abebe

auf einen anderen Afrikaner herausgerannt, auf Marokkos Rhadi ben Abdesselau. Für Afrika wurde der Marathontag ein Königstag, zumal Abebe als erster Schwarzer Afrika-Olympiagold gewann. Wohl nicht übertrieben, das galt und gilt als sporthistorische Tat.

Vier Jahre später, in den Häuserschluchten der für mich schwindelerregensten Stadt der Welt, in Tokio, siegte Bikila wieder. Mir war es auch im Tokioter NHK-Gebäude, dem Hauptquartier des Nationalen Rundfunks, gelungen, erneut mit dem nun ersten Marathonläufer zu sprechen, dem es glückte, zweimal hintereinander Olympiagold zu gewinnen. Wie fast alle Großen des Langstreckenlaufs war auch er von auffälliger Bescheidenheit und Zurückhaltung. Wahrscheinlich spürte er meine Sympathie, und so erzählte Abebe auch etwas ausführlicher von den Schwierigkeiten, von der Blinddarmoperation, die ihn bei der Vorbereitung auf die Spiele zwar zurückwarf, aber eben nicht hinderte, 1964 noch souveräner zu siegen als in Rom.

Diesmal brauchte er 2.12 std, eine hervorragende Zeit, und zudem gewann er mit – sage und schreibe – vier Minuten Vorsprung. Bikila wartete im Stadion auf die Folgenden. Ich sprach aus der Kabine immer noch meine Reportage, und die erfuhr einen dramatischen Abschluß.

Unter Riesenjubel rannte Japans Kokichi Tsuburaya in die proppenvolle Arena. Siebzigtausend Menschen jauchzten vor Freude. Dann – Entsetzen. Stille im Rund. Einzelne Schreie. Tsuburaya taumelte. Nippons Hoffnung stolperte. Verlor den Rhythmus, ging nur noch im Schritt. Hundert Meter vorm Ziel und vorm Silberplatz. Nun lief Heatley, der Engländer, ins Stadion. Relativ locker und frisch für den Endspurt. Er rückte näher und näher und überholte Tsuburaya kurz vorm Zielstrich. Er schnappte Japan die Silbermedaille buchstäblich vor der Nase weg …

Bronzegewinner Kokichi Tsuburaya blieb untröstlich. Er konnte »die Schmach«, wie er das Geschehene bezeichnete, nie überwinden. »Ganz Japan sah mich vorn, hoffte und fieberte mit mir auf den zweiten Platz, und dann diese Blamage …« Am 8. Januar 1968, knapp eine Olympiade nach Tokio, nahm er sich das Leben.

Auch Abebes Lebensweg führte in eine Katastrophe. Hochgeehrt, in der Heimat vom Kaiser mit Haus und Lebensrente beschenkt, wurde der Sieger von Rom und Tokio im Jahre 1969 in London Opfer eines Autounfalls. Alle konzentrierte Kraft der Ärzte half nicht. Bikila lebte fortan querschnittsgelähmt.

Bei den Spielen in München 1972 sah und sprach ich ihn ein letztes Mal. Man schob seinen Rollstuhl an den Rand der Kunststoffbahn. Dort saß Bikila Abebe wie versteinert, schaute dem 10.000-m-Sieger in Weltrekordzeit, Lasse Viren aus Finnland zu, beobachtete Emiel Puttemans, den Belgier, als Zweiten und ebenso seinen Landsmann Muruse Yefter, der Bronze gewann.

Ich blickte einem traurigen Bikila in die Augen. Voller Dankbarkeit für alles, was er uns schenkte. Für Millionen Freunde und Anhänger galt er über Jahre hinweg als Inkarnation des Laufens, als kleines Wunder menschlicher Bewegung und Ausdauer. Nur das Schicksal besiegte ihn.

Ein Jahr später, am 25. Oktober 1973, starb Bikila Abebe. Er wurde einundvierzig Jahre alt.

Sportreporterimpression nach manchem Wettkampf

Meist war's aber Arbeit. Innsbruck 1964: Im Gespräch mit Helga und Helmut Haase über den Eissprint

… mit dem Norweger Birger Ruud, Skisprung-Olympiasieger 1932 und 1936

… mit den Sprungassen Recknagel, Neuendorf und Trainer Renner.

Dieses Erinnerungsfoto von der Siegerehrung nach der legendären Radweltmeisterschaftsrunde am Sachsenring 1960 hängt noch immer über seinem Schreibtisch. Im Bild: Täve Schur, Bernhard Eckstein und der Belgier Willy Vandenberghen.

Liebgewordene Erinnerungsstücke von Helmut Recknagel

… dem Stabhochspringer Wolfgang Nordwig

… der Turmspringerin Ingrid Krämer-Gulbin

Eine lange Freundschaft verbindet ihn mit Emil Zatopek

1989 in Paris kommentierte er mit Katarina Witt gemeinsam die Weltmeisterschaften im Eiskunstlauf

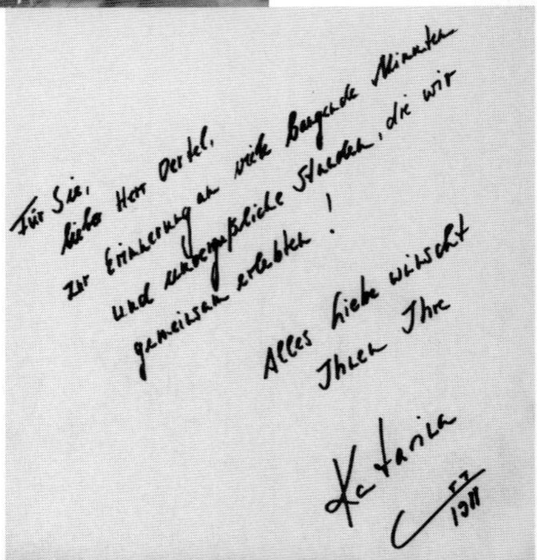

1988, zu den Olympischen Spielen in Calgary, gab es ein Siegerinterview mit Katarina Witt und ihrer Trainerin Jutta Müller

Mit Hürdensprinter Mark Mc'Coy

Mit Marathonläufer Waldemar Cierpinski führte er im Laufe der Jahre bei vielen Gelegenheiten Interviews

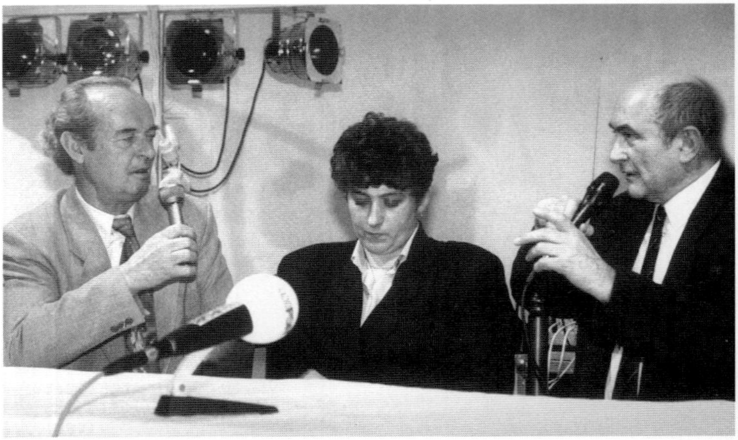

Gespräche mit ehemaligen DDR-Sportassen stehen noch heute auf seinem Terminkalender: Hier mit Skisprungolympioniken Harry Glaß und der Skilanglaufweltmeisterin Christel Meinel

… mit Schwimm-Olympiasieger Roland Matthes

… mit Boxer Wolfgang Behrendt, dem ersten DDR-Sportler, der eine olympische Goldmedaille erkämpfte. Heute arbeitet er als Fotograf.

Rom

Beim marathonlangen und intensiven Nachdenken: Siebzehn Olympische Spiele hast du miterlebt, davon im Sommer die von Helsinki, Melbourne, Rom, Tokio, Mexiko-Stadt, München, Montreal, Moskau, Seoul – wo war's am angenehmsten? Ich komme zu keinem anderen Schluß: die ersten drei sind meine Sieger. In Helsinki, Melbourne und Rom war die Olympiawelt nicht nur noch ziemlich heil, sondern es blieb auch sonst fast alles auf dem Teppich der Bescheidenheit, Land und Leuten angepaßt. Rom setzte den Schlußpunkt. Später wurde Großzügigkeit immer deutlicher durch Großmannssucht ersetzt, und ständig stärker drängte das Fernsehen den Spielen seine Gesetze und Forderungen auf.

In Rom beherrschte noch der Rundfunk die Szene. Show war noch nicht angesagt. Obwohl schon hier TV-Stationen erstmals deutlich aktiv wurden. Mich zog auch 1960 noch kein Fernsehen an, und ich blieb glücklich und zufrieden, ausschließlich Radioreportagen zu sprechen.

Was aber in diesem Jahr noch immer ein gravierender unolympischer Fakt war: die relative Intoleranz gegen Frauen, weibliche Teilnehmer bei Olympia. 610 Frauen standen in allen Rom-Disziplinen 4738 Männern gegenüber. Ein Zeichen unerträglicher Männer-Hochnäsigkeit. So, wie der ansonsten hoch zu würdigende Pierre de Coubertin schon 1896 zur Renaissance der Spiele und ihrer Idee Frauenstarts nicht einmal in Erwägung zog, durfte in den folgenden sieben Jahrzehnten neben den Königen, Prinzen, Fürsten, Generälen und

Millionären, die sich in diesem Olympiagral IOC vereinigten, nicht eine einzige Frau jene erlauchte Männermannschaft stören. Verantwortliche IOC-Adams müßten sich noch nachträglich schämen. 1997 sind von 111 IOC-Mitgliedern neun (!) Frauen.

Rom und Frauen, schöne und erfolgreiche Frauen, das paßt hingegen gut. Drei will ich für viele besonders loben. Wilma Rudolph, als »Gazelle von Tennessee« bewundert, verzauberte beim Frauensprint. Drei Goldmedaillen! Und gäbe es A- und B-Noten wie beim Eiskunstlauf für die »künstlerische Gestaltung«, also den B-Wert, hätte Wilma die 6,0 verdient. Ihre Sprints waren ein Genuß.

Anders, doch auch bestaunenswert – Ulla Donath. Als Bronze-Dritte über 800 m – in Rom 1960 immer noch die längste von den Herren genehmigte Frauenlaufstrecke! – bewies die unverwüstliche Hallenserin ihre Stärke. Sie und auch die Vierte und die Fünfte, die Deutschen Vera Kummerfeldt und Antje Gleichfeld, warben für den Frauensport, für die Frauen-Leichtathletik.

Sicher fällt auf, daß ich mich immer wieder vorrangig der Leichtathletik zuwende, dem Radsport, dem Fußball, eben nur einigen wenigen Sportarten. Leider richtig. Aber jeder Reporter befindet sich in solcher Zwickmühle. Bei vierzig und mittlerweile noch erheblich mehr Sportarten ist strenge Selbstbegrenzung und Spezialisierung notwendig. Auf mehr als vier, fünf Hochzeiten kann keiner tanzen. Somit sind die Eindrücke begrenzt. Und alle Würdigungen. Ich bitte um Nachsicht und versichere, nicht nur, weil Papier geduldig ist – meine Hochachtung gehört jeder Sportart.

Aber, es bleibt noch eine herausragende Frauenleistung zu beklatschen. Im Kunst- und Turmspringen siegte Ingrid Gulbin aus Dresden. Das war eine Tat! Sie verblüffte in Rom alle verwöhnten Favoriten aus den USA, Großbritannien, der UdSSR ... Und: In gemeinsamen deutschen Staffeln holten zweimal Schwimmerinnen Bronze und der Männer-Kajak-Vierer sogar Gold. Das verpaßten nur knapp die fabelhaften Bahn- und Straßenfahrer. Gieseler im 1000-m-Zeitfahren, Simon/Stäber als Tandem und der »Grand mit Vieren«, Köhler, Klieme, Gröning und Barleben. Was die auf der Zementpiste vollbrachten, legten Schur, Hagen, Adler und Lörke in der 100-km-Hitzehölle auf der Viale Christofolo Colombo ebenfalls in Silber vor.

Zweimal gewann Hans Grodotzki, der Potsdamer Läufer aus Thüringen, solches Edelmetall über 5000 m und 10.000 m. Rundenjagden am Monte Mario, von denen ich noch heute träume. Nach Zatopek, Kuz und Mimoun lieferte der blonde Hans jede Menge Reporterstoff. Wie er hinter Halberg beziehungsweise Bolotnikow den »Rest der Welt« besiegte, wie er mich damit frohlocken ließ, das schmiedete uns zusammen, bis auf den Tag. Für seinen Trainer Kurt Eins war Rom der Beweis, mit seinen ASK-Schützlingen auf dem richtigen Weg zu sein. Ich halte diesen Langlaufexperten nach dem Kennenlernen vieler immer noch für einen der besten des vergangenen halben Jahrhunderts.

O ja. Wieder vergaloppiere ich mich. Eindrücke über Eindrücke erwachen. Doch der muß noch wiedergegeben werden, eher lasse ich mich nicht aus dem Sattel heben: Deutschlands Reiter gewannen den Grand-Prix-Gold. Fritz Thiedemann, Alwin Schockemöhle und Hans-Günter Winkler. Vor den Italienern, Franzosen, Amerikanern, Briten, die im Einzelspringen glänzten.

Hans-Günter Winkler besuchte ich vor den Spielen in Warendorf. Das geschah für eine Sendereihe im alten Deutschlandsender. Dafür war ich auch bei Max Schmeling, Gustl Berauer – ein Elitekönner der Nordischen Kombination – und bei Hans Stuck, dem Zeitgefährten von Brauchitsch, Caracciola, Lang und Rosemeyer. Diesen Männern noch begegnet zu sein, macht zufrieden. Auch, daß solche Gespräche, solche Sendungen wie »Zu Gast bei …« und »Eine Melodie geht um die Welt …« möglich waren.

Louisville

Vor zehn Jahren, im Frühling 1987 war's. Unsere Reise glich einem Greenhorntrip. Unsere Reportercrew flog über Wien nach New York. Ich sollte die Hallen-Leichtathletik-Weltmeisterschaften von Indianapolis mitkommentieren und dann nach Cincinatti, zu den Eiskunstlauf-Weltmeisterschaften weiterreisen. Müde und ziemlich zerschlagen landeten wir in New York, Kennedy-Airport. Etwas umständlich ging es dann per Bus zum Inlandflughafen La Guardia. Dort hockten wir wieder herum. Angeknockt. Dann riß uns eine Durchsage hoch: »Hallo, passengers for Indianapolis …«, den Rest überhörten wir schläfrig.

In der Maschine sanken wir in die Polster, beim Düsen dösten wir vor uns hin. Als der Metallvogel zur Landung ansetzte und die Fluggäste hastig ihr Handgepäck zusammenkramten, kramten wir mit und stolperten zum Austieg. Wir trotteten mit einem Dutzend Leute übers dunkle Rollfeld zur Abfertigungshalle. Nichts war los, Kehrausstimmung. Am Gepäckband nahmen andere ihre Koffer und verschwanden. Wir warteten. Bis das Band stand.

Verdammt, was war los, wo waren unsere Koffer? Bei fast jeder Reise löst das, weil einige Male schon erlebt, im Innersten Alarm und Hektik aus. Plötzlich waren wir hellwach. Im Trab steuerten wir einen Informationsstand an. Später mußte ich dann manchmal an den erstaunten Blick freundlicher Hostessen denken, als wir die Frage losließen: Wo ist unser Gepäck? Wir müssen hier, in Indianapolis, arbeiten.

Das wird noch in der Maschine sein, bekamen wir zur

Antwort. Und als sich unser Erstaunen schon mit Zorn mischen wollte, fügten die freundlichen Damen hinzu: In der Maschine, die gerade abhebt und nach Indianapolis fliegt.

Wir waren in Louisville, Kentucky, ausgestiegen, hatten Durchsagen und Hinweise schon in New York verpennt. Weltreisetrottel. Nun standen wir bedeppert in Louisville-Airport herum. Doch, ruckzuck, der Rest wurde schnell und problemlos geklärt.

Ein Taxi brachte uns in die Stadt. Trotz aller Müdigkeit übersahen wir am Ortseingang nicht das überlebensgroße Standbild, das im Scheinwerferlicht auftauchte. Eine Boxerfigur. Darüber in grellen Lettern: Welcome in Louisville! Hometown of Muhammad Ali!

Eine Hotelnacht und einen kurzer Vormittag vorm Weiterflug nach Indianapolis war ich durch einen Zufall in der Heimatstadt des für mich besten Boxers aller Zeiten, des Olympiasiegers und Weltmeisters gelandet.

September 1960 war's, als ich im römischen Palazetto dello Sport den siebzehnjährigen Halbschwergewichtler Cassius Clay siegen sah. Polens ausgezeichneter vielfacher Landesmeister Pietrzykowski, den ich von anderen Kämpfen kannte, besaß gegen den US-Youngstar nicht die geringste Chance. Noch nie zuvor – und auch nie mehr danach – begeisterte mich ein Boxer dermaßen. Cassius Clay, ein Faustkämpfer, Faustfechter im Lehrsinne des englischen Fecht- und Boxlehrers James Figg aus Oxfordshire, der bereits um 1700 seine These von der »edlen Kunst der Selbstverteidigung« proklamierte und demonstrierte. Box-Benjamin Cassius tänzelte wie Fred Astaire in Hollywoodhochform durchs Seilquadrat. Er boxte flink und elegant. Er narrte, phantomgleich, alle

Kontrahenten und zeigte, was und wie Boxen sein kann. Cassius Clay – der Pele der Boxer.

Daß sich Heißsporn Cassius selbst zum »Größten« ernannte, sei ihm nachgesehen. Er war und ist ein Großer. Nicht nur seine Faustkämpferhaltung, sondern seine Lebenshaltung, seine Alltagssiege und Niederlagen machen Muhammad Ali zum Champ der Champions.

Zuhause in Louisville schleuderte er die eben in Rom erkämpfte Goldmedaille von der Jefferson County Brigde in den Ohio-Fluß, weil ihm all die Heuchelei und der Schwarzenhaß zuwider waren. Einerseits umschmeichelten sie ihn, den »Sohn der Stadt«, der den bislang »schönsten Triumph für Louisville nach Hause brachte«, all die katzbuckelnden Obrigkeiten, Bürgermeister und Gouverneur, Figuren, die immer und überall zur Stelle sind, um im Glanz populärer und erfolgreicher Sportler Selbstbespiegelungen zu erfahren. Aber einheimische Weiße verwehrten dem Olympiasieger weiterhin den Zutritt zu Restaurants und Kinos, in denen »Nigger« nichts zu suchen hätten.

Ali widerstand Hohn und Spott, Drohungen und Erpressungsversuchen, als er 1967 den Wehr- und Kriegsdienst in Vietnam verweigerte. Der Champ, der Archie Moore, Floyd Patterson, Sonny Liston, George Foreman, Joe Frazier und andere Meister bezwang, der Millionen Boxfans rund um die Welt in Atem hielt, wurde zu fünf Jahren Gefängnis verurteilt. Drei Jahre, bis der Oberste Gerichtshof der USA schließlich 1970 das Urteil aufhob, stahl man ihm so den Weltmeistergürtel. Kaltgestellt, »im Exil« – wie er sagt – an den Pranger der Öffentlichkeit genagelt, mußte der Golden Gloves-Gewinner, der Olympiasieger und Weltmeister aller Klassen tausendfach Schmähungen wegstecken. Doch Ali ging nicht k. o. Er widerstand. Und er schaffte sein Comeback.

1996, von schwerer Krankheit gezeichnet, von Honoratioren wieder gehätschelt, trug Ali erneut zur Freude von Millionen das Olympiafeuer ins Atlanta-Stadion.

Ich bin noch immer dankbar fürs kurze Händeschütteln, damals in Rom. Ich verehre Muhammad Ali.

Zur Greenhornnacht in Louisville 1987 fiel mir später ein, was der berühmteste und gedemütigte Sohn dieser Stadt dennoch zur Heimat, zum Zuhause sagte: »Heimat ist und bleibt immer Zufluchtsort. Vor allem, wenn man Prügel bezog. Prügel im Ring, Prügel im Leben.«

Tokio

Verblüffendes geschah bei den Sommerspielen 1964 in Tokio. Was mich aber zunächst beeindruckte und begeisterte, war das Land selbst.

Da war das Riesengewimmel der Zehn-Millionen-Metropole. Die pfeilschnellen Züge, der »Yokohama-Blitz«. In angenehmster Erinnerung blieb die Gastgeberhaltung, immer eine sympathische Mischung aus Disziplin und Freundlichkeit. Einem gelernten Preußen fiel das besonders auf. Zuhause ist oft nur die eine Eigenschaft vorhanden.

Zum Speziellen zählte freilich auch die permanente Erdbebenangst. Zum Glück blieb es für uns bei einigen Betten-Beben. Dennoch, mehr als komisch war das schon, wenn viereckige Holzgestelle nächtens wie Hängematten schaukelten. Kollegen wappneten sich nach ersten Erfahrungen mit prophylaktischer Nipponwhisky-Behandlung. Allerdings lobten sie die Pseudomedizin nur wegen des relativ niedrigen Preises.

Ein volles Lob hingegen galt der Bekanntschaft mit Nippons Radio- und Fernsehtechnik. Wer das mit dem Heimat-Technikstand verglich, mußte leider feststellen: Wir lebten hinterm Mond.

Ich hatte bis einschließlich 1964 Olympische Spiele noch nie fürs Fernsehen kommentiert. Auch in Tokio blieb ich dem Hörfunk treu. Aber was es hier an Technik zu bestaunen gab, ließ manchen schweigsamer werden. Nächtens, als der mächtige Stadtkoloß als zigmeilenweite Neonfläche leuchtete, fieberten noch Hunderte Eindrücke durch meine Träume. Möglich, daß selbst da der Mund vor Staunen offen wie ein Scheunentor blieb.

Ein Beispiel nur: die Live-Übertragung vom Marathonlauf, der mit dem zweiten Olympiasieg Bikila Abebes endete. Drei Millionen Zuschauer säumten direkt den 42-km-Kurs. (Wie Olympiaveteranen verkündeten, die höchste Zuschauerbeteiligung, die es bis dato bei einem Olympiawettbewerb gab, – Rekord.) Und zig Millionen verfolgten das Spektakel an den Bildschirmen. Denn dreißig Kameras transportierten alles ins Haus, was in den drei Stunden geschah. Kameras auf Motorrädern – heutzutage überall normal – und Hubschrauberbilder, Livereporter an allen Ecken und Enden, alles zusammen vermittelte einen Eindruck, der damals betäubte. Schließlich, alle Bilder standen wie eine Eins, kamen blitzsauber in bester Qualität.

Oder: Als Radioreporter empfingen wir von der Gastgeberstation ein kleines Köfferchen. Darin ein Mini-Mikro mit Kopfhörern und kurzem Kabel. Auf dem jeweils reservierten Tribünenplatz schraubten wir das Kabelende an einen vorinstallierten Tischanschluß. Das war's. Ruckzuck, und wir durften selbst schalten und walten. Alle Verbindungen funktionierten. Auf einem Kleinbildschirm konnten wir zusätzlich zu jeder anderen Wettkampfstätte gelangen. Ein Knopfdruck, klick, und wir waren beim Judo, Volleyball, Radrennen. Tolle Technik.

Gerade dieses Fastperfekte ließ mich oft an Zuhause denken. Seither hatte ich vor unseren Heimattechnikern noch größere Achtung. Mir ging bei den Japaneindrücken ein Licht auf, was Frauen und Männer in unseren Funkhäusern leisteten. Ob beim Fernsehen in Adlershof oder beim Radio in der Nalepastraße. Schlagartig wurde klar, welche Improvisationskunststücke dort entstanden. Über Jahrzehnte. Hinter der Weltspitzentechnik, made in Nippon oder anderswo, hinkend, immer im Handikaprennen um gute Leistungen, vollbrachten sie Spitzentaten. Trotz Embargobehinderungen, trotz dauerhaften Geldmangels in allen zuständigen Portemonnaies, was sie auf die Beine stellten, konnte sich sehen lassen. In diese Anerkennung gehört noch der Hinweis: Jeder Reporter, auch der beste, ist ohne stabile, zuverlässige Technik aufgeschmissen.

Gold für unsere Techniker!

Selbstverständlich beklatschte ich auch die sportlich errungenen Edelmetalle. Karin Balzers Hürden-Gold. Heute hetzt bereits ihr Sohn mit Spitzenzeiten über Hürdenhindernisse. Ingrid Engel-Gulbin erstritt beim Wasserspringen nochmals Gold und Silber. Addiert man das zur Rom-Bilanz, ergibt sich eine Gesamtsumme – dreimal Gold, einmal Silber! –, die sobald keine andere deutsche Turm- und Brettartistin erreichen wird. Jürgen Eschert gewann Kanadier-Gold. Frank Wiegands dreifaches Schwimmsilber. Birgit Radochla aus Döbern in der Lausitz ließ meine Brust lokalpatriotisch schwellen. Als erste deutsche Turnerin erkämpfte sie eine Olympiamedaille. Silber beim Pferdsprung. In meiner Cottbuser Lokalreporterzeit hatte ich schon ihren Vater, Helmut Radochla, vorgestellt. Der Döberner siegte 1949 als erster DDR-Meister am Seitpferd … Beim besten Willen, es läßt sich wieder nicht alles aufzählen, was in Tokio zum Fabelhaften zählte.

Trotz einiger Querelen bei den Vorausscheidungen war ein stattliches Team mit 336 Teilnehmern aus West und Ost zustande gekommen. Es war jedoch nur noch eine Mannschaft auf dem Papier. Nicht mehr zu vergleichen mit den Teams von Melbourne oder Rom. Selbstverständlich bleiben alle Leistungen zu würdigen.

So zeigte Willi Holdorf, Zehnkampf-Olympiasieger, bärenstarke Kampf- und Konditionsklasse. Harald Norpoths Silberlauf über 5000 m war eine Wucht. Da ich wieder die meiste Reporterzeit im Leichtathletikstadion, im Jingu-Nationalstadion, verbrachte, riß mich ebenso Sprinterschwergewicht Bob Hayes, genannt »der Schaukelstuhl aus Tennessee«, vom Sitz. Signale funkten erstmals Könner aus Kenia: Kiprugut und Keino. Inzwischen bestimmen Klasse-Läufer dieses Landes längst die Spitze mit. Ich schilderte aber auch Joe Fraziers Boxsieg und Walter Godefroots dritten Platz beim Einer-Radrennen auf dem Hachioji Road Race Course. Heute amtiert der Belgier als Teamchef der Telekom-Männer mit den Jung-Assen Ulrich und Zabel.

Zum Unvergessenen gehören alle Erlebnisstunden mit der DDR-Fußballauswahl, die Bronze errang. In jener Mannschaft standen mit dem dort leider schwer verletzten Klaus Urbanczyk aus Halle und Eberhard Vogel aus Chemnitz, später in Jena, zwei Könner auf dem Feld, die heute noch als Trainer arbeiten. Vogel ist mit 440 Oberligaspielen Spitzenreiter der »ewigen« DDR-Bestenliste. Er bestritt auch 74 Länderspiele. Vogel trainierte bis Mai 1997 Jenas Bundesligamannschaft. Urbanczyk war 34facher Auswahlspieler. Heute ist er Coach des Regionalligavereins Altmark Stendal. Beide gehören wie Croy, Dörner, Kreische, Streich, die Ducke-Brüder, Irmscher, Nöldner, Erler, Kaiser … in die gesamtdeutsche Elitekategorie. Was für die jetzigen Asse, die Ex-Ostler von Sammer bis Kirsten, von Thom bis Wosz genauso gilt.

Moloch

Fressen, verschlingen, unersättlich sein. Rein, rein, rein. Immer wieder und immer mehr rein in den riesenhaften, tiefen, schrecklichen Schlund. Das ist ein Moloch. Der Menschenfresser steht sprachbildlich aber auch für einen unersättlichen Götzen. Ein Götze gilt als Abgott. Abgötterei ist Fetischismus. Fetischismus wiederum ist Götzendienst. Und das alles ist Fernsehen. Der Moloch unserer Zeit.

Milliarden unterwerfen sich tagtäglich, Millionen Eltern werfen ihm Kinder »zum Fraß« vor. Bedien dich! Bedient euch, Mädchen und Jungen, am Nimmersatt, bis daß die Augen tränen, Kopf und Sinne verdreht sind. Um Himmels willen! Wo sind die Medikamente, die einen TV-Virus killen? Nur Waffengewalt ist stärker. Und einige böse Krankheiten.

Die TV-Medienmacht macht Politik. Stützt und stürzt Politiker. Belehrt und verkehrt die Menschheit. Eine sensationelle Erfindung und Absicht mutierte zur Maschinerie. Die Möglichkeit ist zum Muß verkommen. Sehbares wird unübersehbar.

Ich kann übers Fernsehen 1997 nichts Besseres schreiben. Andere sahen es noch gelassen: Robert Lembke, meisterlicher Medienkoordinator bei den Olympischen Spielen 1972 in München, bezeichnete Fernsehen als »Nachfolger der Gartenlaube«. Vittorio de Sicca sah in ihm »das einzige Schlafmittel, das mit den Augen eingenommen wird«, und Orson Welles, »Der dritte Mann«, verachtete es als »Kaugummi für Augen«.

Ich dramatisiere. Weil ich keine Genesung erkenne. Im Gegenteil: Der Mensch wird immer leichtere

Molochbeute. Er folgt auch beim Fernsehkonsum seinen gefährlichsten Fehlern. Statt sich freiwillig und bewußt zu mäßigen, statt zu begreifen, weniger ist mehr, will er immer mehr. Wenn der statistische Durchschnittsgucker tagtäglich vier Stunden vorm Bildschirm verbringt, addiert sich das zu rund tausendfünfhundert Stunden in einem Lebensjahr. Innerhalb von fünfzig Jahren wären das fünfundsiebzigtausend Moloch-Stunden, zirka 3125 Tage, also acht (!) Lebensjahre! Wer bekommt da keinen Schreck?

Doch, Fernsehen war, ist und bleibt eine großartige Erfindung. Es kann segensreich sein und die Lebensqualität erhöhen. Es könnte.

Also nichts gegen das Fernsehen an sich.

Aber alles gegen Fernsehen, wie es wurde, und wie es – wahrscheinlich – weiter wird. Wie es Menschen vernebelt und Menschenlebenszeit verschlingt.

Ich zähle dazu. Ich fraß mich wie viele Fernsehmenschen auf der Welt mit satt, schmarotzte beim Moloch. Er ließ und läßt viele gut leben.

Will ich aber mein Verhältnis zum Fernsehen exakter und seriöser erläutern, muß ich weiter ausholen. 1955, als ich meine erste Fernsehreportage versuchte, war der spätere Vielfraß noch ein harmloses Kerlchen. Speziell als DDR-Fernsehen. Der Zuschauerkreis war klein und überschaubar. Das Programmangebot verriet schon Klasse, bot aber noch keine Masse. Es ließ noch Lücken zum Luftholen und für andere Vergnügungen. Unsere TV-Pioniere wie Margit Schaumäker, Margot Ebert, Herbert Köfer und die frühzeitig vom Hörfunk-Sport zum noch schmalen Fernseh-Sport gewechselten Wolfgang Reichardt und Marian Homrighausen leisteten Gutes mit vielen Ideen.

In mir bremste damals vieles. Ich will meine Naivität nicht vertuschen und bekennen, daß ich in diesen fünfziger Jahren felsenfest überzeugt war, das mit dem Fernsehen bleibt eine Marotte; aber der Rundfunk, das gute alte Radio, wird alles überleben und für die meisten Menschen unveränderlich Nummer eins der elektronischen Medien und Publikumsspitzenreiter sein. Das dachte ich.

Hinter der damals diffusen Aversion, hinter der total falschen Grundeinschätzung verbarg sich etwas, das sich erst später richtig zu erkennen gab. Für mich war Fernsehen nie das Traummedium. Nur beim Hörfunk fühlte ich mich hundertprozentig wohl. Dort blühte ich auf. In den Zwiespalt geriet ich, weil sich beide Medien beißen. Das eine, Fernsehen, produziert die Bilder selbst. Das andere, der Hörfunk, schafft sie durch das Wort. So ist es. Jedenfalls aus Reportersicht. Schon bei meiner allerersten Fernsehsportarbeit schwante mir, was da kommen kann. Ich kommentierte das Fußballstädtespiel Berlin–Prag. Es wurde im Ulbricht-, dem späteren »Stadion der Weltjugend«, ausgetragen. Zurecht wiesen 1955 alle Pressekritiker darauf hin, daß alles ganz prima war, aber der Reporter – das war ich – sprach zu viel. Und dabei blieb's. Besonders beim Fußball. Durch alle drei Fernsehreporterjahrzehnte zog sich das als schwelender Dauerkonflikt. Bei Leichtathletik-, Ski- und Eiskunstlauf-Übertragungen gelang es, eine vertretbarere Linie zu finden. Im Fußball geriet ich oft ins Abseits, war selber schuld, weil ich gegen meine richtige Grunderkenntnis verstieß, wonach weniger (fast) immer mehr ist.

Meine besten Kritiken, innerredaktionell, von Chefs erhielt ich dabei zweimal aus beinahe kabarettreifen Gründen. Beide Male, es war im Ausland, war ich nicht so gut drauf. Was passieren kann. Mein Darm funktionierte zu schnell, und das zwang mich zweimal kurz für vier, fünf Minuten auf die Toilette. Das Mikrofon blieb verwaist. Glücklicherweise fiel in dieser Zeit kein Tor. So entstand, aus Unkenntnis der Vorgänge, bei den Kritikern überraschendes Lob. »Jawohl, das war gut! Exakt. Dieser Mut zu längeren Pausen, jetzt bist du auf dem richtigen Weg zum Schweigenkönnen …« Sollte ich mir deshalb eine Dauerdiarrhöe anschaffen?

Ich muß zugeben, neben anderen Ursachen lag der Konflikt auch an meiner Fußballhaltung. Niemals konnte ich das Spiel so ernst nehmen wie andere Reporter.

Schon gar nicht gelang es mir, darin eine gewisse Wissenschaftlichkeit zu erkennen. Alle Versuche, »gelahrte« Analysen zu betreiben, blieben mir im Halse stecken. Meine feste Überzeugung ist: Im Gegensatz zur Bemessung anderer Sportleistungen, gibt es beim Fußball keine wirkliche Wahrheit. Der Schlechtere kann gewinnen. Und selbst der Bessere schleppt häufig zu viele Schlechte mit durch. Das stört mich. Etwas Zufall macht das Spiel erst spannend, okay. Aber zu viel Zufall degradiert es zum »Rasen-Halma«. Solche und andere Mißgefühle versuchte ich mit Eloquenz zu überdecken.

Meine Urvorliebe fürs Radio beschrieb ich schon. Dort konnte ich alle angeborenen und antrainierten Fähigkeiten einsetzen. Gewohnt, selbst Bilder mit den Pinseln Sprache und Sprechen zu malen, mußte ich, mehr oder minder, auf dem Fernsehsportreportagesektor ins Straucheln kommen. Ich jedenfalls wollte immer sprechen. Meine heimlichen Wünsche zielten auf Pannen. Wenn bei einem Radrennen das Feld bummelte, die Zeitorganisation ins Trudeln kam, sah ich meine Stunde. Nun mußten im Live-Programm Lücken gefüllt, lange Pausen überbrückt werden. Da lebte ich. Oder beim Fernsehen sollten sich Bildstörungen einschleichen. Das war die Gelegenheit zum improvisierten Sprachbildermalen, zu umfassenderen Schilderungen. Aber leider, diese Art »Sternstunden« gab es nur selten.

Weil das alles so war, fluchte ich manchmal über die historische Voreiligkeit des Fernsehens. Hätte das nicht alles dreißig Jahre später passieren können? Dann, wenn meine Radiomenschenzeit vorbei ist? Spaß beiseite. Daran konnte ich nicht drehen. Doch wenigstens an meiner festen Bindung. In den fünfziger und sechziger

Jahren gab es die Absicht, mich ganz zum Fernsehen zu holen. Ich wehrte mich, so geschickt es ging, und beließ es bei »Ausflügen«. Das Radio blieb meine »feste Burg«. Gott sei Dank. So blieb es bis zum Ende.

Mexiko

Unvergeßliche Augenblicke erlebte ich als Leichtathletikreporter bei den Spielen in Mexiko. 18. Oktober 1968. Ciudad de Mexico. Ortszeit: 15 Uhr 40. Höhenlage: 2248 Meter überm Meeresspiegel. Wind an der Weitsprunggrube – zwei Meter pro Sekunde. Rückenwind. Exakt das noch Erlaubte. Leichter Regen. Bob Beamon, USA, läuft an. Riesige Panthersätze. Millimetergenauer Absprung. Beamon fliegt, fliegt und landet bei 8,90 m! Die Kampfrichter messen und kontrollieren fast eine Viertelstunde. Gewaltiges Raunen im Stadion. Dann, endlich die Ansage: Neuer Weltrekord! Ein Jubelsturm fegt durch die Arena.

Beamon, der Kautschukspringer, verbesserte die alte Marke gleich um 55 cm! So etwas ist noch nie dagewesen. Im Schatten seines »Jahrhundertsprunges« landete Klaus Beer aus Berlin bei 8,19 m. Das brachte ihm die Silbermedaille. Eine zweite Überraschung. Er übersprang damit die beiden Favoriten, Ralph Boston (USA) und Igor Ter-Owanesjan (UdSSR), die vor dem Beamon-Flug gemeinsam den Weltrekord mit 8,35 m hielten. Ter-Owanesjan hatte diesen Wert, fast auf den Oktobertag genau, 1967 bei Olympiatestwettkämpfen in Mexiko geschafft.

Das rief die Analytiker auf den Plan. »Sports Illustrated«, eine führende Zeitschrift, ermittelte beim Vergleich aller wesentlichen Faktoren – Höhenlage, Wind, Kunststoffbelag, Beamons Superlandetechnik … –, der Weltrekordsprung hätte einem Windstilleflachlandsprung von 8,56 m entsprochen. Der »Rest«, immerhin 34 cm, ging aufs Sonderkonto spezieller Mexikohöhen-

und Tagesbedingungen. Um so erstaunlicher, daß dieser Goldsatz nicht – wie von fast allen Experten prophezeit – das Jahrhundert überlebte. 1991, also 23 Jahre später, katapultierte sich Beamons Landsmann Mike Powell bei den Weltmeisterschaften in Tokio auf 8,95 m! Und auch der Zweite, Carl Lewis, blieb im selben Wettkampf mit 8,91 m über Beamons Marke. Verrückt.

Apropos Lewis. Der begnadete Sprinter und Springer aus Alabama ist für mich der beste Weitspringer aller Zeiten. Er gewann viermal hintereinander die Goldmedaille, von 1984 bis 1996. Schon seine vier Olympiasiegerweiten stempeln ihn zum Einmaligen. In Los Angeles 8,54 m, in Seoul 8,72 m, in Barcelona 8,67 m und in Atlanta nochmals 8,50 m. Das verdient Achtung. Insgesamt ersprang und ersprintete das As vom Santa Monica Track Club neun Goldmedaillen, und achtmal stand er als Weltmeister auf dem Siegerpodest. King Carl, wie ihn die Medien titulierten, darf wahrlich auf eine königliche Karriere zurückblicken. Der inzwischen Sechsunddreißigjährige zählt für mich zum ewigen Eliteehrenrat. Doch auch er kann den Sternentraum aller US-amerikanischen Weitspringer nicht mehr verwirklichen, den Supersatz über 30 Fuß, was 9,14 m sind.

Bei den achtundsechziger Spielen im Aztekenland brillierte noch ein anderer Amerikaner. Außerhalb der USA kannte ihn bis zum Hochspringer-Auftritt kaum ein Mensch. Seine Name: Richard »Dick« Fosbory. Mit 2,24 m gewann der 21jährige die Goldmedaille. Doch das allein war nicht so verblüffend, wie die Art und Weise des Coups. Fosbory schnellte mit dem Rücken, flitzbogenartig gekrümmt, über die Latte. Seither beherrscht sein Stil, der Fosbory-Flop, das Hochspringen von Frauen und Männern. Keiner, der nicht den Flop springt, konnte in den zurückliegenden zwanzig Jahren auch nur einen Blumentopf mit Straddle, dem Bauchwälzer, oder anderen Techniken gewinnen. An allen Schulen wird bereits geflopt. Auf Deibel komm raus.

Mir bereitete Fosbory eine schwere Niederlage. Ich war am Mikrofon überzeugt, dies ist der Auftritt eines skurrilen Außenseiters. Nie und nimmer würde sich das Abenteuerlich-Artistische durchsetzen. Ebenso verschätzte ich mich mit Boklövs Froschstil beim Skispringen. Auch den Schweden hielt ich eher für einen »Spinner«, pardon, als für einen revolutionierenden Neuerer. Nochmal – weit gefehlt ...

Und erneut breche ich eine Lanze für die Geher. In Mexiko marschierte Christoph Höhne zum Besten der Besten. Über 50 km distanzierte der nun schon lange in Berlin lebende Sportfotograf das komplette Feld um Längen. Allein der Zweite, Kiss aus Ungarn, verlor auf Höhne zehn Minuten.

In meinen heißen vierzig Reporterjahren kommentierte ich viele wichtige Gehereignisse. Von Weigel über Kannenberg bis Frenkel, von Beate Gummelt bis Hartwig Gauder – und alle Nichtgenannten eingeschlossen. Geher sind Klasseathleten, so wie die Stärksten aller anderen leichtathletischen Disziplinen, auch wenn mancher die Geher dumm und hochnäsig belächelt.

Hartwig Gauder, dem ehemaligen Weltmeister und dem Olympiasieger von Moskau, gelten dabei meine besonderen Wünsche und ein spezielles Dankeschön. Wie sich der Erfurter gegen die schwere Herzerkrankung zur Wehr setzt, wie er nach monatelangem Ringen mit dem implantierten Herzen versucht, ins Leben zurückzukehren, wie er trainiert und kämpft, das ist vorbildlich für uns alle und hat viele, wichtigere Goldmedaillen verdient.

In Mexiko gewannen auch Manfred Wolke, Roland Matthes und Dresdens Rudervierer begehrtes Gold. Drei, die für alle als Beispiel stehen. Insgesamt stellte Deutschland 1968 vierzehn Sieger, neun kamen aus der DDR, die erstmals in einer vom IOC beschlossenen, selbständigen Mannschaft antraten. Matthes, der »Wunderschwimmer«, setzte seine Goldkarriere noch bis Montreal 1976 fort. Auch Hans Ecksteins Dresdner Ruder-Recken Forberger, Rühle, Schubert und Grahn, erkämpften mit Höchstschlagzahlen mehrfach Gold und heimsten Weltmeistersiege in Serie ein. Manfred Wolke schließlich, der 1968 im Boxer-Weltergewicht Kameruns Bessela bezwang, gilt bis heute als einer der großen Meister-Macher des neuen Profiboxerbooms. Allein Namen wie Henry Maske und Axel Schulz sagen alles.

Niederlagen

Ob Niederlagen tatsächlich Ratenzahlungen auf den Erfolg sind? Nach meinen Erfahrungen: klipp und klar – ja. Wer am Kinn getroffen wird und zu Boden geht, wird beim nächsten Schlagabtausch auf der Hut sein und alles unternehmen, um folgende Treffer zu vermeiden.

Aus der Menge des Mißglückten, Verunglückten, aus dem Paket meiner Niederlagen suche ich hier drei heraus. Sie beweisen, wie unterschiedlich man reinfallen und k.-o.-gehen kann.

Nr. 1

Zur Vorbereitung und Einstimmung auf die Olympischen Winterspiele 1964, zu denen Innsbruck geladen hatte, wagte ich mich mit einer größeren Unterhaltungsreihe auf den TV-Sender. Dafür kramte ich einen Uralttitel aus, der mich als Junge begeisterte. 1944 flimmerte ein UFA-Streifen über die Leinwände, und ich hockte versonnen im Kinosessel der Cottbuser Kammerlichtspiele. René Deltgen spielte einen Fußballstürmer, und die ganze Geschichte war im Kohlenpott angesiedelt. Also eine verdeckte »Schalke-Story«. Rolf Wernicke, der Verehrte, spielte sich darin selbst als Radiosportreporter. Ich war hingerissen. Der Titel, »Das große Spiel«, geisterte mir all diese Jahre durch den Kopf, und wie der Teufel es wollte, ging ich ihm 1964 auf den Leim.

Irgendwie lebte in mir die Kinderzeit auf, und ich glaubte, allein schon der Titel wäre von solcher Wucht, daß jede Sendung, die so benannt wird, gelingen muß … Spielrunden, eingebettet in die Show, Vorbereitung der Mitspieler – bekannte Wintersportler jener Jahre –

alles überließ ich meiner vermeintlichen Improvisations»kunst«. Zudem unterschätzte ich damals noch den Wert intakter, kreativer Redaktionsarbeit. Dafür überschätzte ich mich. Erfolgsverwöhnt, hoffte ich, so geht es weiter, immer weiter, die Sprossen der Ruhmesleiter empor. Aber, alles ging nach hinten los. Wahre Sturmgüsse der Kritik überfielen mich. Manche Beobachter brachten meinen Bildschirmreinfall in Zusammenhang mit schwacher Körperform. Das war milde ausgedrückt. Richtig ist, ich war ziemlich aus den Fugen geraten.

Die harschen Kritiken rüttelten mich wach. Und auf der Waage las ich voller Erschrecken 101 Kilo. Mein Bauchgewölbe besaß inzwischen Sprungschanzenformat. Und das mit 37 Lenzen.

Alle Alarmglocken schrillten. Vor den vierundsechziger Sommerspielen von Tokio unterwarf ich mich einer Fastenkur. Drei Glas Saft pro Tag. Sonst nichts. Nullkommanichts. Und das 21 Tage lang. Ich schaffte acht Kilo Verlust. Immerhin.

Längst würde ich jedoch jedem abraten, Ähnliches zu unternehmen. Schon während dieser drei Wochen sah ich, wie Mitstreiter abends in der nahen Dorfkneipe »untreu« wurden. Danach – und das bestätigen vernünftige Ärzte – halten höchstens 25 Prozent das so drastisch reduzierte Gewicht. Bei den meisten schnellt der Kilopegel bald wieder heftig aufwärts. Deshalb, alle Etappenkuren, Schritt für Schritt, Kilo um Kilo, und das über ein paar Monate, sind erstens körperfreundlicher und zweitens viel erfolgversprechender. Doch das nur nebenbei.

Für mich steht seit jener Panne fest: Körperliche Mißform sorgt häufig auch für geistige. So stimme ich dem griechischen Weisen Solon zu, der vor zweieinhalbtausend Jahren festhielt: Ne quid nimis. Nichts im Übermaß. Solon war übrigens auch derjenige, der bereits zu den antiken Olympischen Spielen eine offizielle Bezahlung der Olympiasieger einführte. Auf seine Verfügung hin erhielten sie jeweils 500 Drachmen, was dem Einkommen eines Athener Handwerkers in zirka eineinhalb Jahren entsprach. Da schon begann sich das Geldkarussell zu drehen …

Nr. 2

Gleichfalls in den sechziger Jahren übertrug ich in einer Fußballkonferenzschaltung bei Radio DDR das Spiel Magdeburg gegen Jena. Schon mit leichtem Fieber angereist, schlitterte ich in einen schweren Knockout. Wie sich später herausstellte, geisterte in mir ein Erreger namens Erysipelothrix rhusiopathiae, der Rotlauf erzeugt, eine spezielle Art von Schweinepest für Menschen. Das ist nicht nur schmerzhaft, sondern auch ziemlich gefährlich. Kurzum, ich quälte mich auf meinem Reporterplatz über die Runden. 3 : 1 stand für Magdeburg die Partie, als ich eine Minute vor Schluß ans Tabellen-Ausrechnen ging. Da passierte mein Unglück. Als ich vom Zettel aufblickte, pfiff der Schiedsrichter gerade die Begegnung ab, und ich verkündete den Hörern: »Hier also 3 : 1 für Magdeburg …«

Doch in diesen allerletzten Sekunden war noch ein zweites Tor für Jena gefallen. Keiner jubelte, alles ging im Schlußtrubel unter. Dieses 3 : 2 brachte mir aber dermaßen Ärger, daß ich zumindest in Jena bis ans Tabellenende aller Sympathiewerte rutschte.

Vom Rotlauf, der mich vierzehn Tage in die Knie zwang, genesen, kehrte ich ins Funkhaus zurück und der damalige Sportchef Wolfhart Kupfer konfrontierte mich mit Jena-Briefen, die es in sich hatten. »Analphabet, der nicht mal bis zwei zählen kann«, war noch das Freundlichste. Das Schärfste, wohl auch Dümmste kam aus dem Kombinatsgeneraldirektorium. Man ließ mich wissen, ich hätte die Werktätigen beleidigt und verhöhnt, und müßte abberufen werden. Zumindest in Jena dürfte ich mich nicht mehr sehen lassen.

Nr. 3

In einer Berliner-Rundfunk-Sendung »Schlager, Telefon, Mikrofon« begrüßte ich als Gast Manfred Krug. Hörer riefen an, er antwortete, wir spielten Musik. Bis mir danach der Marsch geblasen wurde. Das kam so …

Ganz zum freundlichen Abschluß fragte ich Krug noch nach den Urlaubsabsichten. Schon, als er mit leichtem Lächeln zur Antwort ansetzte, schwante mir Schwummriges. Ganz langsam ließ er Wort für Wort tröpfeln: »Ich werde viel lesen. Vor allem das Neueste von meinem Freund Wolf Biermann …« – Am Morgen hatte das »Neue Deutschland« gerade die Anti-Biermann-Kampagne eröffnet.

Mir brachte das die »Ehre«, auf einer folgenden Berliner Bezirksparteikonferenz gleich zweimal, nämlich zum ersten und zum letzten Mal, erwähnt zu werden. Ich galt dem Genossen Hauptredner als Beispiel journalistischer Sorglosigkeit und mangelnder politischer Wachsamkeit und manches mehr.

Außer Gezeter widerfuhr mir, dem Ferien-Fragesteller, nichts. Aber mir ging ein weiteres Licht auf, was Dummheit, dogmatische Penetranz und Arroganz Parteimächtiger bedeuteten.

Schlager

Dauerausflüge vom Radiohort ins Fernsehrevier führten mich immer wieder zur Unterhaltungsbranche.

Schon Ende der Fünfziger stand ich mit Margot Ebert in Oberhof bei einer »bunten Sendung« vor Live- und Publikumskamera. Es war das Übliche. Etwas Musik, etwas Artistik, etwas Wort, Soli und Gespräche. Da es wohl nicht zum Schlechten zählte, folgten bald weitere Auftritte. So moderierte ich eine der ersten TV-Quizreihen. Die Sache hieß »Richtig geschaltet«.

Zum richtigen Schlager mauserte sich ein anderes Konzept. Im Hörfunk lief seit einigen Jahren die bereits beschriebene Unterhaltung mit vielem zum Thema Berlin. Mitte der sechziger Jahre ritt mich die Idee, Ähnliches im Fernsehen umzusetzen. Die »Pilotsendung« – wie man heute sagt – hieß »Schlager aus Berlin«, Folge 1, »Schlager in der Schönhauser«. Gemeint war natürlich die Straße im Berliner Bezirk Prenzlauer Berg. Aus dem Musiktitel »Wenn in der Schönhauser die Lichter glüh'n ...« machten wir eine 45-minütige Unterhaltungsreportage mit Schlagersängern und originellen Berlinern, die auf dem Boulevard des Nordens lebten. Wir zogen mit Kamera und Mikrofon durch dieses Traditionsstück Prenzlauer Berg. Es klappte. Aus einer Sendung wuchs eine Reihe. Müggelsee und Alex, Grünau und Pankow, Bekanntes und weniger Bekanntes. Musik und Reportage.

Für mich bedeutete das Neuland vorm Mikrofon. Eine prima Erfahrung. Fritz Boeck als Regisseur und Herbert Wagner, mit seinem DEFA-Können als Kameramann, alle, die zum Team gehörten, vermittelten mir so viel Neues, daß ich ihnen danke. Wir bildeten eine harmonische, ehrgeizige und erfolgreiche Mannschaft, die schnell Programm-Furore machte.

Aus »Schlager aus Berlin« entstanden die »Schlager einer kleinen Stadt«. Just nach dem bewährten Berlin-Grundmuster zuckelten wir nun über Land. Tangermünde, Barth, Bad Kösen, Waren, Radeberg, Sohland, Arnstadt, Schwarzenberg ... wurden Stationen. In jedem Ort entstanden freundliche Zuschauerkontakte. Daran zu denken macht mich noch jetzt froh und heiter. Was war das für Zeit! Was für Arbeit! Wieder mixten wir Musik und Reporterwort. Dazu originelle Trickfiguren, die aus dem Wappentier entstanden. Mit von der Partie waren Julia Axen, Bärbel Wachholz, Chris Doerk, Annekatrin Bürger, Frank Schöbel, Rex Gildo, Rainer Süß, Eberhard Cohrs, Rolf Herricht ... Ach, ich kann leider auch dazu nicht den ganzen langen Mitwirkendenabspann entrollen ....

Und siehe da, es folgte noch und bis weit in die siebziger Jahre eine dritte Etappe: »Schlager einer großen Stadt«. Wir drehten in Budapest, Warschau, Moskau, Prag, Krakau, Dresden, Rostock, Karl-Marx-Stadt. Nun zählten auch internationale Stars zum Team. Larissa Luschina, die an der Seite von Otto Mellies für den Riesenerfolg des Fernsehmehrteiler »Dr. Schlüter« gesorgt hatte, Susa Koncz, Jean-Claude Pascal, Edda Cameron, Renate Blume, Peter Schreier, Gisela May ...

Wir erhielten Anerkennung und Preise. Was ich bei dieser Arbeit lernte, kam mir bei vielen folgenden Unterhaltungssendungen zugute. In der alljährlichen »Nacht der Prominenten« spielte ich mehrmals den Zirkusdirektor, war Illusionist mit Gerd Natschinski, dem

Komponisten und Metropol-Theater-Intendanten als Partner, ich »zersägte« Gaby Seyfert … Es folgten Sendungen mit Helga Hahnemann und O. F. Weidling … Runde 25 Show-Time-Jahre bis hin zur »Ein Kessel Buntes«-Moderation in den Achtzigern.

Was spielt der Bar-Pianist im Filmklassiker »Casablanca«? »As time goes by …« So ist es.

Spitz

Jeder, wirklich jeder in seiner Lieblingssportart Befangene kann es drehen und wenden wie er will, an Mark Spitz, USA, dem Vergoldetsten aller Goldenen von München 1972, kommt er nicht vorbei. Sieben Goldmedaillen im Schwimmen! Ein Olympiarekord vielleicht für die Ewigkeit. Aber Vorsicht mit den Prognosen. Kristin Otto zum Beispiel, jetzt Moderatorin beim ZDF-Sport, die brachte es 1988 in Seoul auf sechsfaches Schwimmergold …

Ich ärgerte mich, Spitz nie direkt erlebt zu haben, denn ich saß wieder meine Hauptarbeitszeit im Olympiastadion bei der Leichtathletik ab. Immer, wenn ich den flotten, hollywoodverdächtigen Typ Spitz auf dem Bildschirm sah, fragte ich mich und frage mich das noch heute: Wo hat der Mann seine Flossen? So zu schwimmen, so zu siegen, auszuschauen wie Omar Sharif in den Jugendjahren – Donnerwetter, Natur und Schöpfung, was gelingen euch für Wunder!

Ein anderer, Roland Matthes, heute Orthopäde, damals Thüringer Rückenschwimmer der Sonderklasse, fing auch wieder Goldfischbeute. Zweimal Gold, einmal Silber und einmal Bronze. Es ist mir ein Bedürfnis, bei dieser Erinnerung seine so früh verstorbene, großartige Trainerin Marlies Grohe zu nennen. Was diese Frau im Erfurter Klub aus dem gebürtigen Pößnecker machte, zählt zu den Meisterstücken.

In München glänzten ebenfalls Deutschlands Reiter, die zu den Dauerleistungsbrennern ihres Sports zählten. Hans-Günter Winkler, seit den Stockholmer Reitertaten von 1956 ein Evergreen, und 1972 kamen Ligges, Wiltfang und Steenken dazu, die als Quartett den »Großen Preis der Nationen« gewannen. Allerdings muß ich zugeben, noch mehr als die Reiter begeisterten mich immer die Pferde. Welch wunderbare Kreaturen!

Dann – Karin Janz! Als einst jämmerlicher Turner in der Schulzeit, der am Reck wie ein ausgewrungener Waschlappen hing, bestaune ich jede turnerische Leistung, von Andrianow und Kenmotsu bis Köste und eben Janz. Mit ihrem Erfolgspaket, zwei Goldene, zwei Silberne und eine Bronzemedaille, bleibt sie eine Besonderheit im Weltfrauenturnen. Heute arbeitet die kleine Frau mit dem riesigen Können als Orthopädie-Chefärztin im Berliner Krankenhaus Kaulsdorf. Und viele Patienten schwärmen von ihr. Daß Karin aus Hartmannsdorf bei Lübben stammt, dort bei ihrem Vater, dem Sportlehrer Guido Janz, das Jahn-Einmaleins lernte, und also eine echte Spreewälderin, Lausitzerin ist, macht mich erneut zusätzlich glücklich.

In München gab es viele, überraschend viele deutsche Leichtathletikerfolge. Von der Sprintkönigin Stecher, der 400-m-Siegerin Zehrt und der 800-m-Gewinnerin Falck, von Wolfermanns siegreichen 2-cm-Vorsprung im Speerwerfen und den Erfolg bei den Frauen von Fuchs, das Hoch- und Weitsprung-Gold von Ulrike Meyfarth und Heide Rosendahl, Gunhild Hoffmeisters Silber und Bronze auf beiden Mittelstrecken (wieder kommt Lausitzer Freude auf, denn sie kommt aus Welzow und lief jahrelang für den damaligen Welteliteclub SC Cottbus) … und schließlich als Höhepunkt die Leistung von Wolfgang Nordwig.

Ein Deutscher siegte im Stabhochsprung. Eine Rarität! Einmalig! 1972 in München und 25 Jahre später,

1997, immer noch. Ich bitte zu bedenken, in kontinuierlicher Beharrlichkeit von 1896 bis 1968, sechzehnmal hintereinander, triumphierten US-Amerikaner in dieser Sportart. Von Athen bis Mexiko, von Hoyt bis Seagren. Und dann schwang sich der Thüringer, der Zeiß-Ingenieur aus Jena, über 5,50 m, Olympiarekord, und bezwang alle zwanzig Konkurrenten aus zwölf Ländern. Darunter die Favoriten aus den USA mit Seagran an der Spitze. Der erwies sich leider als schlechter Verlierer, maulte über Stabprobleme und verärgerte das Publikum durch sein vorzeitiges Verlassen des Stadions. Vorbei. Geschenkt. Nordwig schrieb ein Kapitelchen Weltleichtathletikgeschichte. Der Münchner Stabsieger galt einst in seinem Beruf als designierter Zeiß-Generaldirektor. Nach der Wende wuchs er in neue Aufgaben und ist Geschäftsführer eines Berliner Flugreiseunternehmens.

Was alle Stabartisten seit Hoyts Sieg von 1896, damals mit 3,30 m, leisteten, ist enorm. Über den einstigen Bambusstab, über Metallstäbe hin zu den Glasfibergeräten von heute katapultierten sie den Weltrekord inzwischen über die 6-Meter-Marke. Und kein Ende in Sicht für Bubka und Nachfolger. Wie in anderen Disziplinen ...

Zur München-Bilanz gehört, daß in der leider noch immer nicht abgeschafften Nationenwertung die UdSSR vor den USA die Tabelle anführte, gefolgt von der DDR-Mannschaft, BRD, Japan, Australien ... Das zu erwähnen ist deshalb wichtig, weil überall, und nicht nur im engeren Kollegenkreis, nach diesem Resultat Diskussionen einsetzten, wohin das treiben soll. Nie und nimmer wird der DDR-Sport in der Lage sein, solche

Positionen zu behaupten. Und warum auch? Dazu kam die Mahnung, bescheidener zu sein. Ein 7., 8., 9. Platz wäre doch auch für ein kleines Land respektabel und aller Ehren wert. Indes, die Verantwortlichen, Sportfunktionäre wie Politiker, die sich unolympisch auf die Schultern klopften, wollten sich mit dem Erreichten, das zweifellos weltweit Anerkennung fand und in München nach der Entwicklung seit 1952 besondere Bedeutung besaß, nicht begnügen. Nimmersatt regierte. Alle vorsichtigen Mahnungen und Warnungen schlugen Siegübersättigte und Stimmungstaube in den Wind.

Bedrückendes

Es ist ein Schattenkapitel meiner Erinnerungen und schwer zu beschreiben. Es ist auch bedrückend für den Sport dieser vergangenen Jahrzehnte. Immer krasser, hemmungsloser und verhängnisvoller drängen sich politische Absichten und Brutalität ins olympische Geschehen. Coubertins Ideen, seine Olympia-Renaissance 1896, erhielten in der Folgezeit schwere Dämpfer.

Bereits nach nur fünf Spielen, von 1896 bis 1912, blieben die für 1916 in Berlin vorgesehenen sechsten Sommerspiele aus. Der von Deutschland entfachte Erste Weltkrieg verursachte gewaltige Wunden, schadete auch Olympia. Als Folge schloß die Olympiafamilie Deutschland 1920 und 1924 von den Spielen aus.

Nach dem Nazi-Propagandaspektakel 1936 in Berlin zündete drei Jahre später Deutschland wieder einen Krieg. Verheerende Verbrechen und grausame Bilanzen waren das Resultat. Das lastet noch immer auf unserer Geschichte. Und wieder mußten deshalb deutsche Sportler den ersten Nachkriegsspielen, 1948 in St. Moritz und in London, fernbleiben.

1972 verübten arabische Terroristen in München ein Attentat auf Israels Olympiamannschaft. Es kam zum entsetzlichen Massaker auf dem Flughafen Fürstenfeldbruck. Siebzehn Tote warfen einen Schatten der Furcht und Empörung auf die Spiele, die nach eintägiger Unterbrechung weitergingen …

Danach setzte die Serie der Boykotte ein. In Montreal blieb 1976 ein Großteil afrikanischer Länder fern. 1980 in Moskau distanzierten sich die meisten West-Länder wegen des Eingreifens sowjetischer Truppen in den Afghanistan-Krieg vom sportlichen Wettstreit. Dazu in dummer Konsequenz mußten 1984 nahezu alle Ost-Länder komplett und »aus Solidarität« zur Sowjetunion die Spiele in Los Angeles boykottieren. Den DDR-Sportlern wurden so alle Startchancen geraubt, wie den Sportlern der Bundesrepublik vier Jahre zuvor.

Unterm Strich bleibt die Erkenntnis, daß machtpolitische Bestrebungen von allen Seiten dem Sport, den Menschen nur Schaden bringen. Pharisäerhaft demonstrierten die Barcelona-Spiele 1992 olympische Friedlichkeit. Doch tausend Kilometer vom Medaillen-Schauplatz entfernt riß ein mörderischer Krieg auf ehemals jugoslawischem Boden neue Wunden. Als 1996, beim Olympia-Rendezvous in Atlanta, im Centennialpark unter 50.000 flanierenden Besuchern eine Attentatsbombe explodierte, schockierte das die Olympia- und Fernsehwelt letztlich nur noch für Stunden. The show must go on, ist längst oberste Maxime.

Bedrückende Tatsachen.

So bescherte das scheidende Jahrhundert zwar eine Fülle von Rekorden, ehrte viele Sieger und verteilte Tausende Medaillen, doch die Idee Coubertins, alle Absichten und Träume von Friedlichkeit und Freundschaft wurden zu häufig mit Füßen getreten. Nein, es wäre oberflächlich gedacht, abgelenkt durch die aufwendige Werbung im Sportgeschäft und abgebrühte Fernsehgaukeleien, würde man nach gut hundert Jahren moderner Spiele das Jahr 2000 mit wohltönendem Tschingdarassabum begrüßen.

Gegenteiliges ist leider richtig. Die Menschen überall, der Sport und die olympische Idee sind wieder in großer Gefahr.

Für mich ist dieses Verhalten ein Fehler. Aber da heute so viele bei der notwendigen, jedoch nur selten sachlich-kritischen und selbstkritischen Auseinandersetzung mit dem deutsch-deutschen Sport und dabei besonders mit dem DDR-Sport produziert werden, ungewollte und gewollte, nehme ich es nicht krumm. Dafür ist das Beispiel viel zu harmlos. Ich denke an das 135. Auswahlspiel der DDR-Fußballmannschaft am 20. Juni 1974 im Hamburger Volksparkstadion. Überraschend siegte die von Georg Buschner betreute Elf durch das tausendfach zitierte Sparwasser-Tor mit 1 : 0.

Man sollte meinen, das ist längst getauter Schnee von vorgestern. Für manche allerdings nicht, die halten es immer noch der Polemik wert. Reibefläche deutschen Gemüterkitzelns. Wie ich darauf komme?

Damals war das Spiel gespielt, der Kommentar gesprochen, die Karawane zog weiter. Bekanntlich endete die Weltmeisterschaft in München mit dem zweiten Triumph der bundesrepublikanischen Auswahl, die der Trainer-Gentleman Helmut Schön zum Siege führte. Verdientermaßen gewannen Beckenbauer und Co. als Turnierstärkste. Das 0 : 1 von Hamburg hatte da kaum noch Bedeutung. Es gab allerdings den Nebeneffekt, daß der Kleine den Großen zu besseren Taten anstachelte. Punkt und Feierabend.

Der Weltmeister bestritt weitere Spiele und Turniere und errang neue Erfolge. Als Gesamtsechster von München 1974 tat auch die DDR-Auswahl das Ihre und gelangte bis zum Ende ihres Daseins noch auf weitere 158 Länderspiele, was insgesamt eine Bilanz von 293 Länderspielen mit beachtenswerten 138 Siegen und 501 : 345 Toren ergibt. Auch abgehakt.

Viele Spieler dieser DDR-Mannschaften können und wollen das aber nicht so einfach abhaken. Sie sind – zurückhaltend ausgedrückt – verstimmt, weil ihnen das der Deutsche Fußballbund nicht als deutsche Länderspiele anerkennt. Übrigens, das allerletzte trug die DDR-Elf 1990 in Belgien aus, und sie gewann unter Trainer Eduard Geyer, mit den besonders glänzenden Sammer (heute Dortmund) und Wosz (Bochum) 2 : 0.

Einen späten Aufwind erhielt das Hamburgspiel nochmals mit der Wende und danach.

In allen Jahren fragten nicht so viele Reporter, Redakteure und Rechercheure nach dem vermeintlichen, vermuteten, möglicherweise erhofften, bisher etwa unterschlagenen »Drumherum« und »Hinterher«, wie in den zurückliegenden sieben Jahren. Bis heute. Kaum jemanden juckte, was und wie ich 1974 Tor schrie, was ich am Ende des Matches und im nachhinein noch kommentierte.

Jetzt, wendeplötzlich, »aufarbeitungswichtig«, erfuhr alles ein Comeback. X-mal orderten die verschiedensten Sendeanstalten und Unternehmer Umschnitte aus dem einstigen Adlershofer DDR-Fernseharchiv, das heute zum Deutschen Zentralarchiv gehört. Zahlreich sind die Nachfragen: Ist das tatsächlich alles? Dahinter schwingt der Verdacht, es könnte einiges auf Nimmerwiedersehen herausgeschnitten worden sein … Zu kärglich erscheint den Rechercheuren mein »Tooor« und nichts weiter. Hinter dem Namen des Schützen Sparwasser hätte doch noch der des Staatsratsvorsitzenden und SED-Generalsekretärs als Mitsieger genannt werden müssen, und »Es lebe der siegreiche Sozialismus!« und »Tore treiben den Absatz von DDR-Produkten auf dem Weltmarkt!«

Anders läßt sich die späte Hektik nicht erklären. Enttäuschend für mich ist freilich, für wie blöd man mich hält … Der Ire O'Connor lag schon richtig, da er Vermutung als Ausflucht jener Leute erkannte, die nichts wissen.

Rosemarie

Meine Rosemarie war und ist Rosemarie Ackermann, geborene Witschas, aus Lohsa, dort, wo die Niederlausitz zur Oberlausitz wird. Und dann war sie viele Jahre beim SC Cottbus zu Hause. Jetzt, 1997, feiern wir mit der Hochsprung-Olympiasiegerin, Europameisterin und siebenfachen Weltrekordlerin das zwanzigste Jubiläum ihres sporthistorischen 2-m-Sprungs.

Am 26. August 1977 geschah das, im Berliner Olympiastadion. Im ISTAF-Rahmen, diesem traditionsreichen Leichtathletikfest, das jedes Jahr Rudi Thiel mit seinen Helfern in hoher Qualität auf die Beine stellte, begeisterte sie 50.000 Zuschauer. Als Leichtathletikanhänger seit sechzig Jahren und ehemaliger »aufstrebender« 1,68-m-Springer, der auch seinen Rekord dort aufstellte, wo Rosemarie jahrelang trainierte, bricht hier meine Albritton-Leidenschaft durch, und ich kann die beeindruckenden Fakten nicht unterdrücken.

Nur sieben Sprünge brauchte Rosemarie bis zum 2-m-Satz (1,75 m, 1,80 m, 1,86 m, 1,89 m, 1,92 m, 1,97 m). Alles bewältigte sie im ersten Versuch. Das zählt zum zusätzlich Fabelhaften des legendären Rekords. Und, daß sie das noch im Straddlestil, mit dem Bauchwälzer, schaffte. Rosemarie, nur 1,76 m groß, beherrschte diese Technik ausgezeichnet. Längst beförderte sich der Großteil aller Springer per Flop über die Latte. Auch ihre direkten Konkurrentinnen wie die Italienerin Sarah Simeoni oder Ulrike Meyfarth, die schon 1972 in München Olympiasiegerin war und – wie Simeoni – Weltrekordlerin.

Maßgeblichen Anteil an Rosemaries Siegen hatte ihr

Trainer Erhard Miek. Jener kleine, stille und bescheidene Mann aus Forst gehörte noch zur Trainergarde, die im Hintergrund blieb, deren Sache nicht das Sprücheklopfen war. Welche gute Arbeit Miek vollbrachte, bewiesen auch Rosemaries Cottbuser Nachfolgerinnen. Kristina Nitzsche, die 1,95 m bewältigte, Manuela Schröder, die auf 1,91 m kam, Veronika Kunisch, Elisabeth Faltin …

Rosemarie Ackermann gilt zweifellos als eine Gallionsfigur bei diesem einst hervorragenden Sportclub Cottbus. Aber neben ihr kämpften viele weitere Weltklassekönner. Gunhild Hoffmeister, Ulrike Klapezynski-Bruns, Gloria Siebert-Uibel, Monika Peikert, Heike Oehme, Karin Roßley-Ackermann, Petra Pfaff, Birgit Sonntag-Uibel, Gabriele Veith, Gabriele Reinsch … Eine Versammlung von Olympiamedaillengewinnerinnen, Weltrekordlerinnen, Meisterinnnen. Für die Leichtathletik-Adams des alten SC Cottbus nenne ich stellvertretend Werner Pfeil, Siegfried Pachale, Carsten Siebert, Andreas Garrack, den Marathon-Dritten von Barcelona 1992, Stephan Freigang, und Ulrich Hobeck, einst 3000-m-Hindernis-As und heute Direktor des alljährlichen German-Meetings, des wertvollsten und populärsten brandenburgischen Leichtathletikfestes. Und dazu Trainerkönner, Miek-Kollegen wie Fritz Janke, wie die Berg und Bittermann …

Zum SC Cottbus gehörten aber auch Boxer mit Eliteformat. Von Hans Robak, dem Nachkriegsmeister, bis Rudi Fink, dem Olympiasieger dann für den ASK Frankfurt/Oder, sowie Weltmeister und Neu-Profi Marko Rudolph. Turner wie Silvio Kroll, Radkönner von Lutz Heßlich und Lothar Thoms bis Annett Neumann, von Friedensfahrtsieger Hans-Joachim Hartnick bis Weltmeister Bernd Drogan … Und mir ist unwohl, weil ich wirklich nicht alle aufs Papier bringen kann. Getrost laß ich mir Vorwürfe gefallen, hier preist ein Lokalpatriot seine Freunde, seine Landsleute und läßt allen Gefühlen freien Lauf. Richtig!

Dazu müssen auch alle Übungsleiter in den Beifall einbezogen sein. Ohne sie ging und geht nichts. Was aus Forst und Welzow, aus Drebkau und Lübben, Hohenleipisch und Annahütte, Schraden und Döbern … an Talenten entdeckt, gefördert und nach Cottbus ins Leistungszentrum geschickt wurde, summiert sich in die Hunderte. Hier steckt ein sogenanntes Geheimnis des jahrelang erfolgreichen DDR-Sports. Cottbus ist nur ein Beispiel. In Potsdam und Frankfurt/Oder blühten weitere brandenburgische Klubs, wenn auch mit anderen Profilen und Schwerpunkten. Auf Sachsen, Thüringen, Sachsen-Anhalt, Mecklenburg-Vorpommern und Ostberlin bezogen, ließen sich mit ähnlichen Resultaten und Gedanken weitere Seiten füllen.

Zu Vieles ging mit der Wende den Bach, also Spree, Havel und Oder hinunter. Manches auf Nimmerwiedersehen. Teils verständlich, wenn ich an ideologischen Ballast denke. An bösartige und politisch blödsinnige Kadergängelungen wegen »Westverwandtschaft oder Westkontakten«. Das schadete vielen, manchmal fürs ganze Leben. Und es schadete dem DDR-Sport und seinem Ansehen. Das gehört zum Gegenteil von grundolympischer Haltung und zu den Schattenseiten.

Daß – daraus gefolgert – grundsätzlich Gutes, weltweit Geschätztes, gestern und heute noch immer, gleich mit auf den Scheiterhaufen der Geschichte geschleudert wurde, ist unverständlich und möglicherweise auch unverzeihlich. Die gezielte Kinder- und Jugendförderung, die speziellen Sportschulen, alles gilt nun in Deutschland mindestens als umstritten und wird von manchen Verantwortlichen radikal abgelehnt. Schon in Sidney 2000 und in fernerer Zukunft wird sich, wenn einstige DDR-Sportleute wie Franziska van Almsick, Lars Riedel, Astrid Kumbernuß oder Tour-de-France-Sieger Jan Ullrich noch rarer werden, zeigen, ob sich das der deutsche Sport leisten kann.

Nach allen Erfahrungen, hierzulande und anderswo, respektiere ich dabei jede Haltung zum Leistungssport und seinen Problemen. Alles Zustimmende, alles Ablehnende. Nur deutlich muß es sein. Jein nutzt keinem. Halbes auch nicht.

Mit Lausitzer Schwung kehre ich nochmal zum einstigen Club zurück. Noch immer mühen sich Couragierte, zu retten, was wahrscheinlich längst nicht mehr zu retten ist. Cottbus besitzt glücklicherweise einen sehr sportengagierten Oberbürgermeister, Waldemar Kleinschmidt. Ein Mann, der tut, was er kann. Und was er darf. Bei allen jetzigen Landes- und Kommunalstrukturen, die grundsätzlich zu akzeptieren sind, fällt es jedoch sehr schwer. Deshalb ist allen, die Verantwortung tragen, ein ungebrochenes Herz für den Sport zu wünschen. Für welchen Sport, das soll jeder entscheiden. Es steht aber fest, gerade jetzt könnte die Jugend den noch bezahlbaren Sport dringlich gebrauchen.

Montreal

Auch hier starte ich wieder mit dem Namen Rosemarie Ackermann. Zu Füßen des »königlichen Berges«, Mont Real, siegte sie am 28. Juli 1976 und gewann so die Goldmedaille der Hochspringerinnen mit 1,93 m, damals noch olympischer Rekord. Meine damalige Kommentierung entwickelte sich zur speziellen Konversation mit Zuhause, mit allen Sportbegeisterten in Lohsa, Bautzen, Hoyerswerda, Cottbus, Schwarze Pumpe, aus der Ecke, woher sie und auch ich stammen. Sicher unverständlich vermutlich für Leute von anderswo.

Montreal erinnert mich an Alberto Juantorena, den Kubaner, der über 400 m und 800 m siegte. Solche Siegesdoubletten sind in Zeiten schärfster Leistungsspezialisierung selten geworden. Eine Rarität. Montreal heißt auch Edwin Moses, Kornelia Ender, die gleich viermal zur Schwimmerehrung gerufen wurde. Udo Beyer mit seinem Olympiagold, wider Viren, der neue Nurmi-Finne, Ruderer- und Kanutenerfolge in Fülle, DDR-Fußballgold mit Jürgen Croy, der heute Bürgermeister für Schule, Kultur und Sport in seiner Heimatstadt Zwickau ist, die ihn schon vor zwanzig Jahren zum Ehrenbürger gemacht hat, und mit dem Dresdner aus Görlitz, Jürgen Dörner, der inzwischen Bundesligatrainer bei Werder Bremen wurde. – Doch ich muß mich wieder losreißen …

Schließlich lief auch Waldemar Cierpinski in Montreal seine ersten goldenen 42.195 km. Er gewann vor Shorter, dem München-Ersten aus den USA, und dem Marathon-Haudegen Lismont aus Belgien. Cierpinskis Zeit, 2.09.55 std, bedeutete damals Olympiarekord.

Ich hockte ganz oben auf der Reportertribüne, in der letzten Reihe. Unten, im modernen Oval, sammelten sich die letzten Leichtathletikentscheidungen zum rauschenden Finale. Besonders begeisterten die Staffelrennen. Bei den Männern eroberten die USA-Sprinter zweimal Gold, bei den Frauen die DDR-Quartette. Über viermal 400 m schafften das Doris Maletzki, Brigitte Rhode, Ellen Streidt und Christina Brehmer (Achtung, auch eine Lausitzerin aus Senftenberg!) mit Weltrekord.

Während ich das alles beobachtete und kommentierte, fesselten mich die Streckeneinblendungen vom Marathon. Als es dann hieß: »Cierpinski allein in Front. Er nähert sich dem Stadion«, kribbelte es über den ganzen Körper. Ich fieberte mit jedem seiner Schritte.

Bei einem Oslo-Aufenthalt waren wir uns vor Jahren nähergekommen. Im Bus, der uns damals vom Holmenkollen-Ausflug ins Bisletstadion mit seiner traditionellen Leichtathletikanlage transportierte, tauschten wir uns lange aus, und ich hörte von allen seinen Läufersorgen. Seither lebte ich seine Rennen gewissermaßen selber mit.

Und nun dieser Tag! Dieser 31. Juli 1976 im kanadischen Olympiastadion. Cierpinski ante portas. Wegen der letzten Stadionrunde entstand durch unsichere Kampfrichterhinweise noch viel Aufregung. Um Himmels willen, dachte ich, hoffentlich rennt er zur Sicherheit lieber eine Runde zu viel – was er auch tat. Später meinte Waldemar: »Ja, ich war nicht sicher, ist Schluß oder …? Deshalb lief ich weiter. Besser so, als anders …«

Das steigerte die Erregung, auch bei mir. Längst war ich aufgesprungen und kommentierte glücklich das goldene Ende im Stehen: »Denn, wenn ich stehend mich verbeuge, wird die Verbeugung tiefer ...« Kaum ein Ereignis zuvor nahm mich so mit wie dieses. Was vier Jahre später in Moskau geschah, erzähle ich noch.

Doch dieser Gedanke ist mir aus Montrealsicht wichtig: Das große Siegen ging weiter. Immer mehr. Immer mehr. In der Endbilanz dieser Spiele war die DDR nun sogar vor den USA postiert, und das machte wieder Sportfunktionäre und Politiker noch gieriger. Das anzumerken, schmälert die Sportler- und Trainerleistungen um kein Gran Anerkennung und Bedeutung. Bezeichnend ist das Ganze jedoch für die generelle Situation. Für Realisten war die Klimax, der Höhepunkt aller Möglichkeiten, längst erreicht. Von nun an konnte es doch bestenfalls nur noch ein zähes Halten und Ringen um diese fast unnatürliche Spitzenposition geben. Zwergenland gegen den »Rest der Welt«. David gegen Goliath. Daraus abzuleiten, weil der DDR-Sport sich so erfolgreich präsentiert, könnte dies die Botschaft in die Welt tragen, dort müßte eigentlich alles ähnlich gut sein, macht diejenigen, die so dachten, zu Selbsttäuschern und Träumern, eigentlich zu Polit-Amateuren.

Zudem bewies das Leben x-mal, im großen und in jedem kleinen Weltgeschehen, nach Auf folgt immer Ab, nach Höhenflügen drohen Stürze. Jeder suche sich seine Vergleiche. Von gestern oder heute.

Aber, wie weiland bei Wallenstein: Noch standen die Sterne gut ...

Waldemar

Zugegeben, bis zum 1. August 1980 spielte der Vorname Waldemar für mich überhaupt keine Rolle. Ich wußte weder, daß er vom Althochdeutschen waltan und mari abstammt – was walten und herrschen bedeutet –, noch, daß es eine niederdeutsche Form mit Woldemar gab, und daß sich neben walten und herrschen vor allem »berühmt« in dem Namen widerspiegelt.

Dann, urplötzlich, von einer Sekunde zur anderen, galt ich als der »Waldemar-Spezialist«, und manche sehen mich noch heute so. Es macht schon perplex, immer noch und immer wieder, egal, wohin ich komme, mit »Hallo, Waldemar« begrüßt zu werden. Viele wissen, woher das rührt. Doch, daß das von Hunderten, Tausenden Ausrufen, Sprüchen und Späßen hängenblieb, dieses »Liebe Väter zuhaus, haben Sie Mut, nennen Sie Ihre Söhne Waldemar ...« Tja ... Ich nehme es, wie es ist.

Viele wollen auch eine Erklärung hören: warum, wieso, weshalb? Welcher Teufel ritt mich, gerade das zu sagen ...? Jetzt, siebzehn Jahre danach, will ich noch einmal versuchen, möglichst plausibel zu erklären, wie Wörter, wie Sätze geboren werden.

Nach Cierpinskis Montreal-Erfolg war es vier Jahre später ganz und gar nicht abzusehen, ob dem Hallenser Spezialisten die Wiederholung gelingt. Zweimal Marathongold glückte bis dahin bekanntlich nur Bikila Abebe aus Äthiopien. Waldemar erklärte später, daß er niemals davon überzeugt war, seinen Triumph zu verdoppeln. Er ließ mich bei Nachfragen auch im unklaren über seine Form und seine Siegesmöglichkeiten. Vom exakten Plan, die marathonentscheidenden Kilometer zwischen dem 35. und dem 40. in fünfzehn Minuten zu bewältigen, was zuvor noch keinem der 42-km-Giganten gelungen war, erfuhr ich erst danach.

So saß ich ziemlich unbedarft auf meinem Platz im Stadion, kommentierte wieder einmal alles, was geschah und harrte der Besonderheiten. Dann passierte es. Während sich Cierpinski im Feld der 74 Läufer aus 40 Ländern orientierte, um sein Konzept durchzusetzen, vollführte der Mecklenburger Gerd Wessig im Stadioninnenraum Riesensätze. Erst über die Hochspringerlatte, dann aus lauter Freude über seinen Sieg. Das unverhoffte Traumresultat von 2,36 m verhieß Gold sowie Olympia- und Weltrekord! Wie das Leben spielt, hatte Wessig Moskau nur mit Mühe erreicht, mit 2,30 m im letzten Sprung bei der Cottbuser Qualifikationsrunde … Als Gerd die 2,36 m schaffte, braute sich auch die Marathonentscheidung zusammen. Waldemar, das zeigten die Bilder von der Strecke, konnte sich tatsächlich bei Kilometer 35 absetzen. Und er bewältigte diese neuralgischen fünf Kilometer in sage und schreibe 14.45 Minuten.

Dann näherte er sich dem Stadion. 100.000 Zuschauer erwarteten das Finale. Ringsherum auf der Reporterrampe raunte und kochte es. Diese Stunde erschien mir besonders hektisch, und ich versuchte, kühlen Kopf zu bewahren. Irgendwie wuchs im Unterbewußtsein das Gefühl, es könnte wieder klappen. Und nun kommt das Schwierige, was man kaum jemandem beschreiben kann, der diese Tätigkeit und speziell in dieser Situation noch nie ausführte. Hundertfaches rast durch den Kopf. Immer bruchstückhaft. Hin und her fliegen Augen und

Gedanken. Wie auf hundert Schienen, die sich kreuzen, prallen beim Denken und Sprechen winzige Ideenstückchen zusammen. Sie entfernen sich, platzen auseinander, um neuen Teilchen Vortritt zu lassen. Aus einem Fetzen wächst dann, manchmal blitzartig und immer drängender, ein bestimmter Gedanke ... Mir war klar, wenn Waldemar nochmals siegt, muß dieser Laufleistung auch durch eine Reporterleistung entsprochen werden, eine, die sich abhebt von lapidaren Sätzen, von hundertmal Gesagtem, Abgedroschenem. Trägt der Zufall dem Reporter solches Glück zu, muß er mit beiden Händen zupacken. Sonst ist er keiner.

Bei mir zündete eine Winzigkeit. Kleine Ursache, große Wirkung. In der Hatz des Dauersprechens lüftete ich für einen Augenblick die Kopfhörer und wischte mir Schweiß von der Stirn. Dabei holte ich tief Luft, pfiff intuitiv ein paar Takte eines verstaubten Gassenhauers: »... und er heißt Waldemar, weil es im Wald geschah ...« Der Initialfunke!

Seither interessiert mich noch stärker als früher: woher drängt das? Wie wächst aus dem inneren Dunkel plötzlich so etwas ans Licht? Gern legte ich mich beim Ergründen des bei uns allen Schwerergründlichen auf Sigmund Freuds Psychoanalytiker-Couch. Einen Satz seiner Grunderkenntnisse übernehme ich gern. 1925 schrieb der Seelenforscher über Zukünftiges: »Ich kann selbst nie wissen, ob es viel sein wird oder wenig.« War für mich abzusehen, daß aus dem Augenblick Geborenes so lange überlebt? Daß so wenig so viel wird?

»Liebe Väter zuhaus, haben Sie Mut, nennen Sie Ihre Söhne Waldemar!« Dieser eine Satz überlebte, reicht bis heute und wurde zur Visitenkarte.

Waldemar selbst ergänzt alles mit einem Tokio-Erlebnis. Im Marathonland Japan wird der zweifache Goldgewinner hochverehrt. Selbst der Tenno, Japans Kaiser und Staatsoberhaupt, empfing ihn und stellte Cierpinski im Kreis von Politikern, Journalisten und Freunden seiner Frau mit den Worten vor: »Und dies ist der Mann, nach dem in Deutschland die Kinder benannt werden …«

Mir ist es Ehrensache, unbedingt noch an den Mann zu erinnern, dem Waldemar vieles verdankt. Das war sein Trainer Walter Schmidt, der leider bei einem Autounfall ums Leben kam. Zur Schmidt-Trainingsgruppe im Halleschen Club gehörten noch andere Eliteläufer. Einer war der gebürtige Dessauer Werner Schildhauer. Unter Schmidts Fittichen wurde er Vize-Europa- und Vizeweltmeister über 5000 m und 10.000 m. Am 28. Mai 1983 rannte Schildhauer in Jena mit 27.24.95 min eine 10.000-m-Zeit, die nur zweieinhalb Sekunden über dem damaligen Weltrekord des Kenia-Laufkönigs Henri Rono lag. Erst im Frühling 1997 brach Dieter Baumann diesen vierzehn Jahre alten Deutschen Rekord. Manfred Kuschmann, Europameister über diese Distanz und Vize über 5000 m zählte ebenfalls zur Schmidt-Garde sowie Wille, Kase, Franke … Kurzum: Halle, schon immer eine Sportstadt mit Glanz und Vielseitigkeit, besaß in jenen Jahren ein Weltklassezentrum des Langstreckenlaufs. Und Waldemar war der Protagonist.

Jedes Jahr im September, wenn der populäre Citylauf nach Halle ruft, bin ich als Sprecher dabei. Schon, um Waldemar und seine Mitstreiter von gestern und heute zu unterstützen. Weil wir zusammengehören. Durch Montreal und Moskau.

Los Angeles

Was für eine Stadt! Was für eine Städtekonglomerat! Sind es ein Dutzend oder mehr? Alles vereint zu einer gewaltigen Metropole am Pazifik. Ein Furiosum mit babylonischem Sprachgewirr. Millionen von Menschen, acht, zehn oder zwölf? Aus einem Zwerg wucherte im Laufe der Zeit ein Riese unter den Städten der Welt. Und das geschah in geradeмal zweihundert Jahren. El Pueblo de Nuestra Senora la Reina de los Angeles de Porciuncula – so »kurz und knapp«, musikalisch klingend, nannte 1781 der spanische Gouverneur den winzigen Ort. Elf Familien waren Ersteinwohner …

1983, ein Jahr vor den XXIII. Olympischen Sommerspielen, besuchten wir die Hauptstadt des amerikanischen Westens. Es sollte ein Informationstrip vor Olympia 1984 sein. Offizieller Anlaß war der Leichtathletikländerkampf USA-DDR. Los Angeles, dem der Volksmund längst den bombastischen Namen aufs poppige Kürzel LA reduziert hatte, besaß – wie ich erfuhr – Hunderte Stadien, Schwimmbäder, Tennisplätze …, aber auch fünfzehn Universitäten, über hundert Tageszeitungen, sechzehn Fernsehsender, mehr als zweihundert Radiostationen, dreißig Symphonieorchester, siebzehn Opernhäuser, hundertfünfzehn Theater, fünfunddreißig Messen … Mir verschlug es, verschlägt es noch immer den Atem.

Und ich war ziemlich stolz, dort zu sein, und auch selber rund ums Olympiastadion zu rennen. 1983 lief ich noch in der Blüte meiner Joggerjahre. Wenn ich abends vom Bummel über den Rodeo Drive oder von Kollegentreffs ins Hotel zurückkehrte, dicht am Memorial

Colosseum, dachte ich an die Sommerspiele von 1932, die auch schon in der imponierenden 100.000-Zuschauerschüssel ausgetragen wurden. Ich war damals fünf Jahre alt. Aber mir gingen später die Sprinternamen Tolan und Metcalf durch den Kopf, der des Nurmi-Nachfolgers Lethinen. Besonders empfand ich jedoch für den argentinischen Marathonsieger Zabala. Rannte ich morgens die paar hundert Meter vom Hotel zum idyllischen Pinienwäldchen, das den Colosseum-Koloß umgibt, fühlte ich mich als Mini-Zabala und genoß meine Jogger-Stunde auf olympischen Spuren.

Beim Länderkampf drängten sich gleichfalls viele 32er Fakten in den aktuellen Kommentar. LA und seine Spiele brachen damals alle Rekorde. Allein bei der Leichtathletik fielen 16 Weltrekorde und 25 olympische. Einmalig.

Der Potsdamer Udo Beyer, geboren im Oderbruch, stellte übrigens beim Ländervergleich auch einen Kugelstoß-Weltrekord auf. 22,22 m. Er stieß die Kugel in jener Anlage so weit, in der bei den X. Sommerspielen der US-Amerikaner Sexton mit 16,05 m gewann. Just in dem Ring hatten vor Udo schon Fuchs, O'Brien und Long, alles USA-Stars, mit der 7,25-Kilogramm-Eisenkugel ihre Weltrekorde geschafft. Seit Jahrzehnten gelten die USA als die Nummer eins in der Leichtathletikwelt. Daß die DDR-Athleten Paroli bieten konnten, wurde von allen Experten bestaunt – über Jahre hinweg. Bei den Spielen 1984 siegte dann übrigens der Italiener Andrei mit 21,26 m. Udo Beyer war durch den sport- und olympiafeindlichen Boykott die Chance geraubt. Für den Olympiasieger von Montreal 1976 hätte es insgesamt fünf Olympiastarts gegeben, von 1976 bis 1992, und das brächte ihn, den jetzigen Potsdamer Reisekaufmann, in die Reihe der Extra-Olympioniken. Schade.

Los Angeles 1984 erinnerte erneut an die gänzlich unolympische Männerhaltung, die sich durch die Sportgeschichte zieht. Schon bei den Griechen blieben die Frauen ausgeschlossen und mußten gar bei Zuwiderhandlungen mit der Todesstrafe rechnen! Coubertin, den man trotz mancher ideeller Fehlgriffe für die Idee einer olympischen Renaissance grundsätzlich loben muß, war vergnatzt, weil dennoch immer mehr Frauen an den Start gehen durften. Aus solchem Ärger blieb Coubertin 1932 den LA-Spielen fern.

Da ich also wieder bei den Frauen und Olympia bin, will ich nochmals meinen Frust entladen. Es ist eine Schande, wie sich die vermeintlichen »Adam-Götter« jahrzehntelang verhielten, zum Teil noch 1997 so verhalten. Überheblich, realitätsfremd, reaktionär, frauenfeindlich. Hierzu ein Fakt von vielen: Erst zu den Olympischen Spielen 1984 in LA gestattete »man« den Frauen, Marathon zu laufen. Bis dahin galten die 1500 Meter als längste den Frauen zugeteilte Distanz. Dabei rannten und bewältigten Läuferinnen längst lange Strecken. Marathonweltbestleistungen wurden inoffiziell schon seit 1926 gemessen. In Deutschland werden die Resultate der Frauen über 42,195 Kilometer offiziell seit 1967 registriert und akzeptiert. Doch die selbsternannten Gralshüter, die immer noch den internationalen Sport und auch viele nationale Verbände fest in männlichem Zügelgriff halten, entschieden zum Marathon bis 1984: No. So betrachteten es die Don Quichottes sogleich als willkommenes Argument, neue Zweifel zu schüren, als die Schweizerin Gaby Andersen-Schiess taumelnd das

Ziel in LA erreichte, wobei sie für die letzten knapp 400 m fünf Minuten benötigte. Die Fernsehbilder von der Entkräfteten lösten Erschrecken aus. Verständlich. Aber, wieviele Männer erreichten seit 1896 müde, schlapp und ausgelaugt das Marathonziel? Und: Der Eva-Erstmarathon wurde ein durchschlagender Erfolg, denn 44 von 50 Starterinnen kamen gut ins Ziel, und die US-amerikanische Goldgewinnerin Joan Bennoit bewältigte den Kurs von Santa Monica ins Colosseum, in 2:24:52 std – eine fabelhafte Zeit.

Ansonsten siegte in LA Carl Lewis, der Große, viermal, und enthusiastisch nannten die Einheimischen diese Spiele nur noch Carliade. Evander Holyfield, der 1997 wieder Profi-Boxweltmeister aller Klassen wurde und beim Rematch gegen Mike Tyson den Ohr-Biß kassierte, gewann 1984 im Halbschwergewicht eine Bronzemedaille. Ulrike Meyfarth und Dietmar Mögenburg erfloppten Hochspringergold. Claudia Losch schmetterte die Kugel auf Gold. 17 Goldmedaillen gingen insgesamt auf das Konto der bundesdeutschen Starter, während die DDR-Kandidaten zu Hause vor den Bildschirmen saßen.

Weil ich aber ein Jahr zuvor diese brodelnde, ansteckende Stadt – die übrigens so groß wie Belgien ist –, dieses unheimliche und verwirrende Städtegeflecht kennenlernte, alle Irritationen, die allein schon durch die zirka zehn Millionen zugelassener Autos entstehen, die liebenswürdigen Menschen unterschiedlichster Herkunft, drückte ich allem und allen die Daumen. Ich war mit dem Herzen dabei. In der San Pedro-Bucht, im Rose Bowl von Pasadena, in Long Beach.

Und ich sah mich auf den Spuren des deutschen Altmeisters Max Syring, der 1932 Fünfter über 5000 m und Sechster über 10.000 m wurde, in memorial über die harten Trampelpfade ums traditionsreiche Collosseum traben. Als Olympier des Alltags.

Hollywood

Natürlich fuhr ich 1983 mit allergrößter Erwartung und seit Jahrzehnten angestauter Spannung auch den Sunset-Boulevard hinunter, immer in Richtung Hollywood. Am Abend zuvor hatte ich im Hotel noch einen amerikanischen Kollegen mit unübertrefflicher Naivität gefragt, wie lange ich denn per pedes bräuchte. Sein Gesicht, ratlos wie noch nie, nahm fast Hollywoodactor-Format an.

So rollten wir in einem Über-fünf-Meter-Schlitten dorthin. Wieviele Kilometer? Wie lange? Ich weiß es nicht mehr. Es schien mir endlos. Villen, Restaurants, Villen, Hotels, Villen, vorbei an der aus Fernsehserien bekannten Nr. 77 – seventyseven Sunsetstrip, Cooky, you remember? Und dann am Ziel.

Enttäuschung über äußerlich kärgliche Atelierbauten, graue und fabrikähnliche Studiogebäude, Hinterhäuser, Feuerleitern, Lichtmasten, Katzen, Hunde. Dennoch: Florian staunte wie Fritzchen, der Weihnachten durch einen Türspalt guckte. Daß unsere Phantasie, unsere Erwartungsträume und Vorstellungskräfte häufig stärker als jede Realität sind, wissen wir längst.

So oder so. Es war Hollywood. Die Traumfabrik. Das Weltzentrum des Filmekommerz. Die Star-Kommune. Jeder bedient sich an den Klischees, wie er es will. Okay.

Zur Legende gehört freilich auch das Prominentenpflaster. Dort, wo man auf Maryline Monroe oder Clarke Gable herumtreten kann, manche jedoch die steinernen Namen ihrer Zelluloidhelden mit den Händen streicheln. Dazu fallen mir zwei Zitate ein, die zu meinen Ansichten passen. Alfred Hitchcock, einst Superchampion der Spannungsmacher, charakterisierte seine Branche drastisch: Film ist das einzige, wo sich mancher als Meister fühlt, bevor er seine Lehrzeit überhaupt begonnen hat … Orson Welles (»Der dritte Mann«), als wuchtige Wucht unvergessen, maulte besonders über Regisseure: »Das ist der am meisten überschätzte Beruf und die einzige Form der Kunst, in der man 50 Jahre lang ohne Talent Erfolge feiern kann.« Der einzige?

Jogger

An diesen Tag denke ich nicht gern. Es war ein schlechter, ein schwarzer Tag. Gerade hatte ich mich ans Ziel der Sechziger gebracht, fünf Jahre vom offiziellen Rentnerstand entfernt, und alles noch mit guten Arztchecks. Da haute mich ein Orthopädenurteil um: Achtung, es droht Gefahr! Besser wäre, Schluß mit den Freizeitläufen nach Feierabend. Knie, Hüfte, Wirbelsäule machten Probleme, und die Resultate aus Wilhelm Conrad Röntgens Erfindung drohten.

Meinen allerletzten Stundenlauf trabte ich dann ganz allein und wie im Nebel. Alles, was mir sonst Freude machte, was mir den Alltagsstreß ausspucken half, Ärger und Kabale zu entfliehen, schien mir fremd. Wald, Gras, Moos, Blumen, Wolken, Himmel, Wind, Vögel, Eichhörnchen … Zum Abschied nahm ich nur mit einem Auge wahr.

Mein volkssportliches Laufen begann erst, als ich vierzig wurde. Hauptgründe, endlich Weichen zu stellen, gab's genug. Ich mußte die innere und äußere Formkrise in den Griff kriegen. Ich wollte aber endlich auch den Schritt vom Platoniker zum Praktiker vollziehen. Es war pharisäerhaft, mit Worten alle großen Läufer zu feiern, Zatopek und Grodotzki, Abebe und Schade – viele hatte ich kennen- und schätzengelernt –, doch selbst nichts Ähnliches zu tun. So geschah es.

Zwischen dem 30. und 40. Lebensjahr spielte ich Tennis und das sehr intensiv, was, um Himmels willen, nicht gut heißen soll. Zwanzig Jahre, also vom 40. bis zum 60., tat ich dann beides, Tennis und Laufen. Im nachhinein betrachtet, muß das wohl Fehler Nr. 1 gewesen sein. Zu viel für »normale« Knochen, Sehnen, Muskeln. Ich fühlte mich lange wohl, und es nutzte der Form, innen wie außen, ohne Zweifel. Doch es ging über die Substanz, zehrte von dem, was ich später noch gebraucht hätte. Aber, wer denkt schon konsequent an Morgen, wenn's heute gut läuft?

Fehler Nr. 2 waren die schlechten Straßen und Wege, die ich rannte. Nur bei Park und Wald hätte ich bleiben sollen, oder auf der guten alten Aschenbahn und nicht auf Asphalt, auf Klamotten oder Kunststoffbelag. Zu späte Einsicht.

Wie gern ich rannte, zeigen auch meine »Auslandsstarts«. Ich lief in Athen und Madrid, in London und Buenos Aires, Moskau, Zürich … Und ich zweifle, ob das richtig war. Häufig blieb nur die Hotelnähe, und da stanken die Autos, da blieben auch nur wieder Beton, Asphalt, Steine. Aber: Getan ist getan.

Doch lassen wir das. Das Laufen brachte viel Plus. Trotz alledem. Ich möchte nichts missen, und ich weine den so entschwundenen Stunden manche Träne nach …

Meinen allerersten Versuch beim Neubeginn unternahm ich im geliebten Fallada-Land. Dort, wo der geschätzte Autor lebte und einen Teil seiner Bücher schrieb, um Carwitz und Hullerbusch bei Feldberg. Zwischen den Hügeln und Seen des Mecklenburger Landes verlebten wir jahrelang schöne Ferien. Das gehört zur Familiengeschichte. Das Laufen ist dabei ein Kapitel. Jeden von uns zieht es noch heute lieber in diese Gegend als in jede Ferne. Der Sandweg zwischen Zansen und Luzin, hin bis nach Bohnenwerder, wurde mein Lieblingskurs. Manchmal jeden Morgen.

Immer schwor ich, niemals in einem Wettkampf zu

starten, nie eine Startnummer zu tragen. Das hielt ich durch, bis auf eine Ausnahme. Einmal, beim seinerzeit alljährlich stattfindenden Berliner Urologenlauf, zu dem Fachärzte, Schwestern und Helfer aus allen Landesteilen anreisten, trug ich die Startnummer 254 und lief im bunten Pulk die zehn Kilometer mit. Es war gewissermaßen ein Dankeschön für ärztliche Hilfe, und diesen Wortbruch habe ich nie bereut.

Meine Verehrung und Sympathien für alle Läufersleute blieben unbeschädigt. Wenn es mir möglich ist, bin ich als Citylauf-Sprecher zwischen Rostock und Bautzen dabei, fördere jeden Jedermannslauf, so gut ich kann. Ich versuche mich beim Walking, dem schnellen Gehen, trample auf dem Fahrradergometer und treibe jeden Morgen zwanzig Minuten Gymnastik. Seit über dreißig Jahren. Das verprellte bei gemeinsamen Reisen manchen Kollegen. Zumindest wollte keiner im Hotel unter mir wohnen, weil »da immer früh die Lampen wackelten, wenn der Kerl hüpft und auf der Stelle läuft ...«

Daraus und aus manchem Verletzungsmißgeschick erklärt sich auch hier die Bestätigung: Wer den Schaden hat, braucht für Spott nicht zu sorgen. Einer meiner ältesten Freunde, Mitstreiter und Wegbegleiter durch die Jahrzehnte, flachste einmal beim Bier und lachte über meinen »Sportkult«. Dabei entfuhr ihm die Bemerkung: »Florian wird das alles nichts nutzen, das Hampeln und Rennen. Er wird als erster von uns sterben, trotzdem. Und wenn wir dann an seinem Grab stehen, werde ich sagen, tja, als du gestorben bist, warst du aber sehr gesund ...«

Er sprach das im Spaß, was ich als Geheimnis unseres Lebens, als wertvollste Erkenntnis sehe. Wie lange unser

Rennen währt, weiß nur der große Zeitnehmer. Wenn seine Glocke klingt, wie bei einem Zeitfahren mit unbekanntem Ziel, geht es zu Ende. Doch den Weg bis dahin, den kann jeder mitbestimmen.

Für eine Illustrierte ließ sich der Unterhalter Oertel auch mal verschiedene Bärte ankleben

Neben Heinz Quermann und Rainer Süß zu Gast in einer Fernsehsendung von und mit Helga Hahnemann, 1980

Fernsehlieblinge unter sich – mit dem Komiker Rolf Herricht

In der Zirkus-»Nacht der Prominenten«, einer beliebten DDR-Fernsehsendung, 1981

Einer seiner Porträtgäste war der Zeichner Erich Schmitt

Bei »Portät per Telefon« mit Agnes Kraus

Dem Rundfunk blieb er treu. Hier gemeinsam mit Waldefried Vorkefeld 1985 bei einer Sportsendung für die Hörer von DT 64

Der Freizeitläufer Oertel trat nur einmal mit einer Startnummer an, beim Berliner Urologenlauf 1983/84

Gern hält er sich noch heute bei den kleinen Sport-Vereinen auf, hier 1994 bei Borussia Friedrichsfelde

1996 beim Sportlertreff mit dem Radmeister Jan Vesely aus Tschechien, und den einstigen DDR-Assen Klaus Ampler, Täve Schur und Paul Dinter

Gemeinsam mit seinen Kindern Andrea (links), Anette und Matthias

… und seinem neuen Freund: Grizzly

Höchste Zeit des Erinnerns, 1994

Heysel-Stadion

29. Mai 1985. Nach 35 Reporterjahren begann für mich an diesem Tag der Anfang vom Ende. Mit wieviel Lust und Laune flog ich nach Brüssel. Fußball-Europapokalfinale! Das lockte diesmal ganz besonders, denn Juventus Turin und Liverpool hießen die Partner. Das Beste vom Besten. Zwei der traditionsreichsten und erfolgreichsten Clubs. Ich wußte, das mußte ein Höhepunkt werden.

Bei den Vorbereitungen stieß ich auf die altbekannten Fakten, die meine Vorfreude noch steigerten. Juventus – wie stolz das klingt! Schon bei anderen Übertragungen ließ ich die Fan-Namen der Schwarzweißen über die Zunge gleiten. Le zebre, die Zebras. La fidanzata Italia, die Lieblinge Italiens. La vecchia signora, die alte Dame. Vor einhundert Jahren, 1897, gründeten italienische und englische Studenten den Verein, der bis 1985 zwanzigmal Landesmeister wurde. Wenn Juve spielte, entzückte es die Tifosi, die Anhänger, und mir schwirren beim Stichwort Juventus – daran hat sich bis heute nichts geändert – sofort die Namen großer Stars durch den Kopf. Combi, Caligaris, Rava, Orsi, Sivori ... Schon als Reporteranfänger betete ich sie herunter wie ein Klassikergedicht.

Und Liverpool! Die Beatles-Städter. The Reds. Fünfzehn Landesmeistertitel holten Keegan, Souness, Kennedy und Co. in die Anfield-Road, wo die Platzanlage als Fußballdenkmal gilt. Und seit dem Gründerjahr, 1892, wird bei den Roten Profi-Fußball gekickt.

Europas Fußballgeschichte blättert sich auf, wenn Teams wie diese zusammentreffen. Zusätzlich machte noch ein besonderer Fakt das 85er Finale heiß. Seit 1977 glänzte Champion Liverpool mit speziellen Taten. Viermal gewannen die Engländer den begehrten Europacup. Nur Real Madrid schaffte in den Anfangsjahren des populären Wettbewerbs eine bessere Serie. Was mich freute, ich hatte Liverpools Siege miterlebt und kommentiert.

Nun saß ich an jenem Maiabend auf meinem Reporterplatz im alten Heysel-Stadion. Auf dem Bildschirm vor mir flimmerten schon die ersten Aktionen. Wie häufig bei solchen Einsätzen war ich – wegen der Devisenknappheit – allein unterwegs. Die meisten Stationen hatten zwei Reporter entsandt, und ARD und ZDF rückten bei solchen Ereignissen immer mit einem Mini-Team Kommentatoren und Redakteuren an. Gerade beim Brüsseler Finale erwies sich das als bedeutsam.

Flüchtig überflog ich noch die Programmseiten und las die Begrüßungsworte des französischen UEFA(Europäische Fußball-Union)-Präsidenten Jacques Georges. »... the match which is the crowning glory of the European season and wich will be following by millions of peoples not only in the stadium but at home on televison ...« Yes.

An die folgende grausame Wirklichkeit, die das Match zum Trauerspiel degradierte, konnte nicht der Böseste denken. Was als krönender Abschluß und als Höhepunkt der Saison gedacht war, geriet zur Todesstunde für 39 Menschen. Hunderte wurden verletzt. Noch immer spüre ich jetzt, beim Schreiben, tiefe Betroffenheit. Bis heute ist mir unverständlich, wie das geschehen konnte. Wurfgeschosse der Hooligans provozierten und bedrohten Menschen, die angereist waren, um im Kreis von

60.000 Zuschauern ein Kickervergnügen zu erleben. In Angst und Panik versetzt, stolperten sie übereinander, trampelten Nachbarn zu Tode, überrannten Barrieren, und Mauertrümmer erschlugen Fußballfreunde. Der Heysel-Abend wandelte sich zum Inferno.

In mir überschlugen sich die Gedanken. Vom Reporterplatz konnte ich das Schreckliche in den Details nur ahnen. Andere Sprecher schickten ihre Kollegen los, um möglichst genaue Informationen einzuholen. Mir blieb nur der Rücklauf aus dem Berliner Sendezentrum. Agenturen melden erfahrungsgemäß sofort und von Minute zu Minute das Neuste. Keiner wußte, ob weiter übertragen wird.

Das Warten auf eine Entscheidung zog sich hin. Als ich die Kopfhörer lüftete, um von den benachbarten Kommentatoren etwas aufzuschnappen, hörte ich das entsetzliche Wort: Tote ...

Noch immer grüble ich, was hätte ich getan, wie hätte ich mich verhalten, hätte ich Definitives gewußt. Dreimal »hätte« in einem Satz. Hier sind noch mehr: Hätte ich den Mut besessen, von mir aus die Kommentierung abzubrechen? Hätte ich gesagt: »Schluß, Feierabend, Aus, wir sind zwar beim Fußball, sogar beim Europacupfinale, aber hier werden Menschen getötet ...«?

Später erfuhr ich, im Berliner Funkhaus Adlershof glühten zwar wieder einmal die Telefone. Träge Entscheidungsfindung benötigte aber – wie so oft – alle Sprossen der langen Leiterleitung.

Meine Lebenshoffnung, Sport, das ist Friedlichkeit, Sport, das heißt, gegenseitige Achtung, wurde in Brüssel zerbrochen. Auch anderes, das später dem Sport zunehmend widerfuhr, bestärkte: Diese Sportwelt ist nicht mehr meine. Ein pessimistischer und ein realistischer Schluß.

Noch ein PS.

Im Herbst 1996, elf Jahre nach Brüssel, tickte folgende Agenturmeldung in die Redaktionen: »... Rund 1 000 Hooligans verwandelten das Zentrum der Stadt vor dem WM-Qualifikationsspiel zwischen Belgien und Niederlande in ein Schlachtfeld. Das triste Fazit des Nachmittags: 117 Festnahmen und zahlreiche Verletzte. Der 3 : 0-Erfolg der Niederländer im König-Baudouin-Stadion (ehemals Heysel-Stadion), in dem 1985 Fanausschreitungen zu einer Katastrophe mit 39 Toten geführt hatten, geriet fast zur Nebensache.«

Belgien und die Niederlande wollen jedoch 2000 gemeinsam die Fußball-Europameisterschaften ausrichten ...

Jens

Ein alter Schuh, der schon jeden schmerzhaft drückte: In guten Zeiten tätscheln dich viele, doch wenn es schlecht geht, zeigen sich die wenigen, aber wirklichen Freunde. Deshalb schreibe ich bei Jens Weißflog auch nicht zuerst über dessen Sternstunden und Empfänge, über Schulterklopfer und Hackenputzer. Schlaumeier, Heuchler, Nassauer, die ihn umflatterten. Kritiker, die ihr Mäntelchen in den Wind hängen, hätten es nicht verdient.

Ich sehe ein anderes Bild.

Calgary 1988 war zu Ende. Wir warteten auf das Flugzeug, das uns nach Hause bringen sollte. Sieger und Verlierer. Ganz im Halbdunkel einer Ecke hockte Jens. Als Olympiasieger von Sarajewo 1984 landete er auf den kanadischen Schanzen »unter ferner sprangen«. Er wurde Neunter auf der normalen und 31. auf der großen Schanze. Seinem härtesten Kontrahenten, Nykänen aus Finnland, konnte er diesmal nicht das Wasser reichen. Nykänen errang dreimal Gold, Jens – nichts.

Keiner der Delegationsleitung beachtete ihn. Trotz vieler anderer Medaillen, man war verschnupft und im Flugzeug platzierten ihn Protokollfunktionierer weit hinten. Zu Hause, das war so üblich, stiegen die Sieger zuerst aus, deshalb sollte schon im Flugzeug alles seine Sitz-Ordnung haben. Deutsche Ordnung. Ich schämte mich. Für andere.

Jens hat diese trüben Zeiten nicht vergessen. Zum Glück. Das schützte ihn vor weiteren Enttäuschungen. Auch im neuen, ungeteilten Deutschland, hofften nun andere ihn bei den Spielen in Albertville 1992 weit vorn zu sehen. Wieder nichts. Jens wurde Neunter der Normalschanze und auf der Großschanze lag er gar nur auf dem 33. Rang. Hartnäckige Verletzungen plagten ihn monatelang. Dabei lernte er auch eine unangenehme Presse kennen. Ein schreibender Mitmensch verbreitete nämlich, sein Knie wäre so schlimm, daß er kaum noch Treppen steigen könne. Daraufhin boten ihm Versicherungen keinen Unfallschutz mehr und Sponsoren, die er gerade dringlich brauchte, schalteten auf Rückwärtsgang. Lockere Feder, flockige Haltung – doch schlechte Folgen übler Tat.

Jens schärfte das den Blick für Kommendes. Als es wieder bergauf ging, alle wieder aus Schützenlöchern kletterten, wußte er klar zu unterscheiden. 1994 in Lillehammer hing der Himmel voller Geigen. Nun schwoll manchem erneut Brust und Kamm: Sind wir wieder gut …

Mit den zwei Goldmedaillen von Norwegen komplettierte Jens seine Olympiabilanz auf dreimal Gold und einmal Silber. Schon damit gilt er als bisher erfolgreichster deutscher Skispringer aller Zeiten. Nimmt man noch Weltmeistertitel und -plätze, die Vier-Schanzen-tournee-Siege, seine zig Grand-Prix-Siege, und die Skifliegen dazu, alle zirka 20.000 Sprünge total, katapultiert sich der kleine Mann vom Fichtelberg auf einen Spitzenrang der Weltbesten des Jahrhunderts.

Jens setzte dazu noch ein anderes außergewöhnliches Ausrufezeichen: Er ist der einzige Olympiasieger in zwei Stilarten! Sein größter Sieg. Jahrelang galt er als Meister des Glaß-Stils, flog damit taubenleicht. Mit der dann doch noch alles beherrschenden Froschstilvariante des Schweden Bocklöv konnte er sich erst überhaupt nicht anfreunden. Er quälte sich und dachte ans Ende. Doch Jens blieb hart. Nochmals schwang er sich wie Phönix aus der Asche und distanzierte die versammelte Elite.

Gemeinsam mit seiner Frau, einer gelernten Fachkraft, führt der mittlerweile 33jährige Jens ein Appartementhotel am Fichtelberg in Oberwiesenthal. Dort liegen seine Heimat- und Lebenswurzeln.

Seit hundert Jahren gibt es den Skisport in Oberwiesenthal, und wer an Jens denkt, sollte seine Trainerfreunde von Joachim Winterlich bis Reinhard Heß nicht vergessen.

Oberwiesenthal bedeutet auch Ullrich Wehling, der dreimal hintereinander Olympiasieger der Nordisch-Kombinierten wurde, Konrad Winkler, Weltmeister der Kombinierten, und alle Ski-Langläufer um die Doppel-Olympiasiegerin Barbara Beyer-Petzold, die Rennschlittengrößen Ortrun Enderlein und Thomas Köhler, Steffi Walter und Michael Walter … Verflixt! Auch hier schleppe ich das Kreuz, nicht alle Trainer, Helfer, Freunde nennen zu können, die dem Fichtelberger Jahrhundert Konturen gaben. In Mitteleuropa, da bin ich sicher, existierte und existiert kein zweiter Wintersportclub dieser Qualität und dieses Spektrums.

Und da ich nicht nur Sieger verehre, denke ich voller Hochachtung an alle Alpinen. Was sie einst gegen die gebündelte Weltelite schafften, darf man getrost rühmen.

Eberhard Riedel raste 1960 in Wengen beim Lauberhornrennen als Sechster ins Ziel, und 1961 gewann er den Riesenslalom von Adelboden. Ernst Scherzer, Peter Lützendorf sowie andere und vor allem Trainer Achim Loos galten als Hexer vom Fichtelberg, zeigt sich doch das

»alpine« Terrain der höchsten Ost-Erhebung, 1214 Meter, mit dementsprechend dauerhaften Schneeproblemen, gegen die echten Alpen wie ein vergrößerter Ameisenhügel.

Wenn ich nun auch nichts weiter über Lesser, Danneberg, Neuendorf, Aschenbach, Bockeloh, Bolkart und Thomas sage, dann möchte ich doch wenigstens einen Seitenblick nach Klingenthal, vom erzgebirgischen zum vogtländischen Gipfel, dem Aschberg, werfen. Was Harry Glaß dort einst begründete, setzten Henry Glaß, Matthias Buse und Klaus Ostwald als Skispringer ebenso fort, wie auf den Langläuferspuren der Wasalaufgewinner Gert-Dietmar Klause oder Weltmeisterin Christel Buse-Meinel oder Olympiasiegerin Marlies Rostock …

Co-Kommentatoren

Was ist das, und warum existieren sie?

Jens Weißflog gab in der Wintersaison 1996/97 beim ZDF seinen Einstand im Pseudo-Job Co-Kommentator. Jens überraschte. Er zeigte sich fachmännisch und dabei wohltuend zurückhaltend, wo andere den Zwerg Allwissend herauskehrend ständig neue alte Urerkenntnisse loslassen. Jens steigerte dabei seine eloquenten Fähigkeiten unter Öffentlichkeitszwang und in Live-Situation.

Daß beim ZDF nun schon vier Personen den Skispringen-Zuschauer berichtend, kommentierend, cokommentierend, und analysierend überfallen, gibt allerdings zu denken. In anderen Programmen und Sendern, bei anderen Sportarten ist es nicht anders. Entweder müssen frühere Solokommentatoren der neuen Zeit nicht mehr gewachsen sein, oder quotenschielende Verantwortliche wollen immer noch eins draufsetzen. Es wäre noch einsehbar, würden die hinzugewonnenen Mitsprecher, wennschon nicht zusätzlichen Informations- und Unterhaltungsgewinn fördernd, wenigstens beweisen, daß erwachsene Olympiasieger und andere Sportmenschen mit dem Zuwachs an Jahren auch den Kinderschuhen der Rhetorik entwachsen.

Als Heribert und Kalle (Rummenigge) bei der ARD über Fußball co-plauderten, war's wenigstens ulkig, weil das als Parodie zur Muppetshow gelten konnte. Ich kann aber dem einstigen Ratefuchs Guido Baumann nicht widersprechen, der Fernsehen eben grundsätzlich als unbewältigten Journalismus sieht. Wenn sich heute Fußball-»Kaiser« mit verqueren Texten und kalauernder

Fachlichkeit ständig selbst parodieren und das Studiopublikum laut Regieanweisungen klatscht, muß ich zugeben: Jawohl, meine Zuschauer-Hörer-Qualität reicht nicht aus, diese Un-Art von Journalismus vorbehaltlos zu genießen.

Marianne

Die Buggenhagen ist schon toll – so fassen Athleten und Nichtathleten ihre Hochachtung zusammen. Woran der einzelne dabei denkt, wenn er, als Nicht-Behinderter versucht, sich in die Haut der Weltklasse-Rollstuhl-Athletin Marianne Buggenhagen zu versetzen, bleibt exakt schwer festzustellen. Meist spielt Mitleid mit, gutgemeintes Mitleid, das Anteilnahme am Körperleid und speziellen Schicksal ausdrücken will. Doch genau das wollen die Behindertensportler nicht. Wenn die Mehrfach-Paralympicsiegerin Buggenhagen aus Berlin-Buch an ihre Erfolge im Kugelstoßen, Speer- und Diskuswerfen denkt, alles aus dem Rollstuhl erreicht, will sie vor allem und endlich wirkliche Gleichberechtigung erreichen. Immer noch werden die Königinnen und Könige des Elite-Behindertensportes als Außenseiter betrachtet. Man will ihnen verdienterweise Gutes tun, und dabei wurden die Paralympics unbestritten zum Fortschritt. Doch allein, daß sie, wie zuletzt 1996 in Atlanta, wieder als Nachfolge- und Sonderereignis hinter den »großen Spielen« im Kalender standen, sagt viel. Alle Einwände, mit den Buggenhagen und Co. gemeinsame Olympiafeste zu feiern, brächte ein Organisationschaos, mögen realistisch sein. Dennoch, das Getrenntsein beweist eine Kluft.

Wieder wies Marianne Buggenhagen für ihre Mitstreiter darauf hin, daß alle zusammengehören. Im gleichen Geist des Kräftemessens. Deshalb sollte dies mindestens mit immer stärkerem Engagement im Alltag geschehen. Gemeinsames Trainieren. Gemeinsame Sportfeste. Und, eines Tages muß es auch gemeinsame

Europa- und Weltmeisterschaften und Olympische Spiele geben. Zugegeben, dies kann und wird nicht in allen Sportarten gleichermaßen möglich sein. Doch die Schritte dahin sind es, die zusammenführen.

Unsere Hochachtung und Würdigung der Behindertensportler, der großen und der kleinen Mariannes, wird erst dann vollends überzeugend und vor allem ehrlich, wenn die 3500 Behinderten aus 102 Ländern, die in Atlanta antraten, in jeder Weise ideell und materiell gleichberechtigt und toleriert neben den 10.400 Sportlern aus 197 Atlanta-Mannschaften stünden.

Und, vielleicht noch wichtiger und wertvoller, wenn alle im Alltag durch uns wie jeder andere Sportler tatsächlich respektiert sind.

Adlershof

Irgendwie gab es immer einen zusätzlichen Mummschub, wenn ich nach Adlershof zum Fernsehzentrum fuhr. Mann, dachte ich, was sind hier für vortreffliche Leute am Ball! Vor allem die Programmpioniere von Margit Schaumäker, Margot Ebert bis Herbert Köfer besitzen meinen ungebrochenen Respekt. Ebenso die, gut, ich wiederhole mich, die Pioniere der Sportredaktion. Wolfgang Reichardt, der Anfang der fünfziger Jahre erster Chef und in den frühen Neunzigern wieder letzter Leiter war. Marian Homrighausen, viele Jahre als populärster Moderator und Reporter, dann auf gleicher Höhe viele Jahre Gerhard Kohse, der Schweriner, und andere.

Und es machte mich immer kollegial stolz, wie das Kinderfernsehen mit Meister Nadelöhr, dann mit den unverwüstlichen und vielseitigen Heinz Fülfe und Ingeborg Fülfe und dem Sandmännchenerfinder und Gestalter Gerhard Behrendt brillierte. Dazu Adi und »Mach mit, mach's nach, mach's besser«. Was für Asse! Und die im Fernsehspiel: Autoren, Dramaturgen, Regisseure, Schauspieler … Eine Mannschaft für sich. Dann die Unterhaltungs-Menschen, die viele Jahre im Grünauer Funkhaus siedelten, wo wir 1952 nach dem Wechsel von der Masurenallee anfingen. Und unsere Sprecherinnen und Sprecher. Gerlind Ahnert, Annemarie Brodhagen und Erika Radtke, die sprecherische Perfektion der Lange, Feldmann … Sie alle und viele dazu konnten es zu ihrer Zeit mit den Besten in anderen deutschen Sendeanstalten jederzeitaufnehmen.

Und nochmal, irgendwie sah ich mich, naiv und mit

Genugtuung, in den Spuren des deutschen Fernsehpioniers Paul Nipkow. Der war zwar in Pommern geboren, lebte dann aber viele Jahre in Berlin. Bekanntlich meldete er bereits 1884 seine Erfindung des »elektrischen Teleskops« im Kaiserlichen Patentamt von Berlin an, und auf Nipkows rotierende Scheibe mit den spiralig angeordneten Löchern zum Abtasten und Zerlegen eines Bildes in hellere und dunklere Punkte geht alles zurück, was inzwischen rund um die Welt zum technischen und geschäftlichen Renner wurde.

Was mir noch ganz speziell an der Adlershofer Arbeit gefiel, war die Konzentration auf den Sonntagnachmittag, da »Sport aktuell« an der Reihe war, und auf monatlich einen Dienstagabend, wenn ich zur Live-Sendung »Porträt per Telefon« anrückte. Zu beiden Zeiten geschah auf dem sonst unruhigen Gelände wenig, denn nur wenige waren noch zugange. Es herrschte Ruhe im Schiff. Das tat gut. Mir jedenfalls, und ich bin überzeugt, den meisten in diesen Sendungen Mitwirkenden auch.

Im Fernsehen geht nichts ohne Teamwork. Als Solist bist du verloren. So ist es mir nicht nur wichtig, sondern angenehm, die Mannschaften des »Sports« und des »Porträts« gerade mit diesem zeitlichen Abstand zu feiern. Es war verdammtes Glück, überwiegend mit Routiniers (im besten Sinne des Wortes), mit Könnern und zumeist freundlichen Kollegen in einem Boot zu sitzen. Das vermittelte Sicherheit. Und Harmonie beflügelte gemeinsames Tun. Ob es dennoch häufig, oder nicht häufig, Querelen und Kabalen gab – das Fernsehmilieu ist dafür bekannt –, kann ich gar nicht sagen. Jedenfalls bemerkte ich nichts, oder es ging an mir vorüber. Schnell Schwamm drüber, falls doch …

»Sport aktuell«-Redakteure wie Hans Taege und Heinrich Müller, die Altvorderen, und auch manche ihrer jüngeren Nachfolger beherrschten die Sache. Und die Studio-Regisseure, von denen einige ebenfalls auf dem Ü-Wagen erfolgreich zuhaus waren. Ein Mensch, der Gewalt, Regie-Gewalt an den Reglern ausübt, möglichst in guter Zusammenarbeit mit den Damen und Männern der Studiotechnik, kann dich leben oder »sterben« lassen. Seine Konfusion, seine Fehler bedeuten Fehler für alles, besonders für den, der im Lichte steht, der für alle die Nase rausstreckt.

Dreimal gespuckt, auch hier war auf die allermeisten immer Verlaß. Helmut Gerhardt ist noch heute beim ORB-Sport eine wichtige Stütze. Heinz Ortner arbeitet jetzt fürs DSF. Heiner Paulitscheck, der jahrelang zum Team zählte, ist wie Eberhard Otto inzwischen Rentner. Auch Gerhard Schalewa wieselt weiter da und dort. Von den Jüngeren, die bei den Erwähnten ihr Handwerk lernten, sind alle im Anstaltenwettlauf dabei. Rainer Rosenbaum und Marco Thoss beim MDR, Olaf Schwanke bei Sat 1, Claudia Bornemann beim ZDF. Genauso fanden die Producer neue Wege. Ingrid Günther, Uwe Nagel, Bernd Schwarzer zählen beim MDR zu den Stützen, und Einstige, wie unser jahrelanger Produktionschef Walter Liepe, können stolz sein, was der Nachwuchs, die nächsten Generationen leisten.

Das stimmt exakt für unsere Kameramänner. Heinz Herkner schob vor Jahrzehnten den Schlitten an. Viele sprangen auf. Lernten. Jetzt sind sie Gefragte. Bernd Notz, der gerade die Jubiläums-Friedensfahrt für ORB und MDR begleitete, Horst Sydow, Alfons Pollacz, Norbert Schmidt, Reno Lagé … Kameramänner und -frauen liefern die Sache an sich. Sie sind das Fernsehen, denn sie sehen für alle. Oder: Wir alle sehen, was sie für uns sehen. Klasse, daß wir solche Kamera-Klasse besaßen, und, daß sie weiter genutzt wird.

In anderen Abteilungen war das ähnlich. Selbstverständlich. Und unter den Kameraleuten der Dramatischen gab es Meister, Künstler, die Unvergessenes schufen.

Daß Sportsendungen des DDR-Fernsehens hohe Zuschauerbeteiligungen besaßen, ist bekannt. Zum großen Guckerkreis zählten viele Westler, so sie denn Adlershofer Bilder empfangen konnten. In Westberlin gab es Stammzuschauer, die uns schrieben, die sich gerade auf unsere Übertragungen von der Leichtathletik, vom Eiskunstlaufen, Skispringen … freuten. Auch von unseren jüngeren Reportermitstreitern sind heute die meisten aktiv. Darunter ausgezeichnete Journalisten wie Maybrit Illner beim ZDF oder der Radsportexperte und vielseitige Peter Woydt bei Eurosport. Dessen früher Tod, im Sommer 1997, macht uns traurig.

Ebenso heiß, weil live, ging es für mich bei »Porträt per Telefon« zu. Fast fünfundzwanzig Jahre, über 254 Sendungen, behauptete sich das im Programm. Ohne Teamwork wäre das nie gegangen. Von den Regisseuren bis zur Studiotechnik boten alle Qualität. Zudem galt »PpT« als eine der produktionsbilligsten Sendungen dieser Jahrzehnte. So bekamen alle prominenten Gäste, alle ohne Unterschied, fünfhundert Mark Honorar. Egal, ob Prof. von Ardenne, Prof. Felsenstein, Prof. Heinz, Prof. Klinkmann, Gisela May, Helga Hahnemann, Katarina Witt, Prof. Dr. Dathe, Jutta Deutschland, Prof. Heisig, Gojko Mitic, Dean Reed, Prof. Kurt

Masur, Prof. Althaus, Agnes Kraus, Ekkehard Schall, Ulrich Mühe … 254 Partner.

Zu Agnes Kraus. Sie war eine großartige TV-Schauspielerin, eine prima und zugleich schwierige Frau. Unberechenbar. Schon vor dem Live-Gespräch brachte sie mich mit Erzählungen verrückter Lebens- und Theaterdetails ins Schwitzen. Immer bremste ich: Agnes, muß das sein? Paßt das dahin? Während der fünfundvierzig Minuten Sendung rutschte ich dann wie auf dem »heißen Stuhl« hin und her. Wird sie, wird sie nicht? Uff – es blieb beim Nicht. Als ich das – alpdruckbefreit – Agnes danach erklärte, antwortete sie Agnes-stark: »Das verstehe ich nicht … Wir wollten doch beide nur Vernünftiges sagen. Ich habe mich darangehalten.«

Für eine reine Wortsendung registrierten wir erstaunliche Zuschauerzahlen. Heinz Quermann sahen 24 Prozent aller möglichen Gucker, Marianne Wünscher 23,5 Prozent, Katarina Witt 22 … Und auch dabei ist unbestritten: Wieder gehörten zum Seherstamm viele aus der alten Bundesrepublik und besonders aus Berlin-West.

Lange vor Ausbruch der Talk-Manie versuchte »Porträt per Telefon« mit dem Live-Gespräch und den Zuschauerfragemöglichkeiten die vielleicht ehrlichste Form eines Porträts. Ohne Vorgefertigtes, Vorgestelltes, Vorgestelztes, was alles Wahrheit, Menschen-Wahrheit mindert.

Ich erschrecke. Oft, wenn ich zurückschaue, doch nun ganz besonders beim Aufschlagen des Kapitels Eiskunstlaufen. Unglaublich, wo sind die Jahre geblieben! Wie raste die Zeit davon … Denn vierzig Jahre war ich beim Eiskunstlaufen zu Hause. Mal sehr, dann wieder weniger engagiert. Aber immer mit Sympathie. Und die letzten zwanzig Jahre als Fernsehkommentator. Von Ende der Sechziger bis zu Katarinas Sportkarriere-Finale. Sie verliefen extra-heiß.

1949 begann die Freundschaft mit den Kufenkünstlern. Klar, vorher wußte ich schon von Sonja Henie, Herber/Beyer und so. Doch das war weit weg. Als jedoch zur Ostzonenmeisterschaft 1949 in Schierke eine junge Frau namens Jutta Seyfert, später Jutta Müller, mit einer Frau, Irene Salzmann, zum Paarlauf antrat und siegte, da wurde ich hellwach. Warum zwei Frauen als Pärchen starteten, läßt sich schnell erklären. Männer waren noch rar. Männer, die Schlittschuhkünstler sein konnten, ganz besonders. In Schierke vollzog sich ein Startkuriosum in einer Sportart, die dann vierzig Jahre allergrößte Erfolge brachte. Getrost darf man diesen Zeitraum als »beste deutsche Eiszeit aller Zeiten« rühmen.

Ja, Jutta Müllers Name gehört an den Beginn, und nicht, weil sie damals auch mit am Anfang stand. Sie avancierte in jenen Jahrzehnten nicht allein zum erfolgreichsten Eiskunstlauftrainer der Welt. Jutta Müller setzte Markierungen. Sie schrieb nicht, sondern sie ist Eiskunstlaufgeschichte. Anfang und Ende einer einmaligen deutschen Hoch-Zeit.

Diese Frau speziellen Formats, in Siegen und Niederlagen, die weder sich noch andere, die mit ihr Leistungen erstritten, schonte, schenkte dem DDR-Sport, dem deutschen Sport zwei Olympiasieger und vier Weltmeister. Eine Serie von Europa- und Landesmeistern. Dutzende Medaillengewinner.

Aber noch viel mehr steckt dahinter. Wer wie ich den Alltag dieser Frau kennenlernte, lernte ihre Lebensleistung, ihre Lebenshaltung insgesamt kennen. Alles, was sich nicht mit Platzziffern ausdrücken läßt.

Vor Katarina Witt führte sie ihre Tochter Gaby, Jan Hoffmann, Annett Pötzsch an die Weltspitze. Jutta Müller schaffte es in diesen vierzig Jahren, in ununterbrochener Erfolgsstafette Eliteläufer zu profilieren und viele andere Talente zu fördern.

Da und dort renne ich jetzt möglicherweise offene Türen ein. Woanders stoße ich hingegen auf Unkenntnis. Ich will weitere Namen nennen, weil natürlich dieses DDR-Eiskunstlaufen nicht nur aus Jutta Müller und Katarina Witt bestand.

Dabei erschrecke ich wieder: Gaby Seyfert kenne ich seit fast vierzig Jahren. Jan Hoffmann und Christine Errath auch schon über dreißig. Und krame ich Erinnerungen an die jungen Damen Olbricht, Schellhorn, Kabisch-Wischnewski, Steiner, Morgenstern, bis hin zu Evelyn Großmann aus dem Gedächtnis, weiß ich, wo die Jahre blieben. Ungerecht wär's, nur Eisdamen zum Kalenderreport zu bitten. Selbstverständlich schufen auch die Männer Kuhrüber, Bockenauer, Zöller …, die Paare Senf–Göbel, Müller–Dallmer, Steiner–Walter, Groß–Kagelmann, Baes–Thierbach …, die Tänzer Beier–Rüger … und viele andere Erlebnisse, Leistungen von bleibendem Wert.

In oder aus dieser Großfamilie wuchs Katarina zum Weltstar. Und sie weiß, für alle anderen, am besten: allein tat, tut sich nichts. Alle Küchwald-Stadion-Helfer, zuvorderst die Eltern, und zuverlässige Freunde gehören dazu.

Nochmals erschrecken und dann reicht's: Fünfundzwanzig Jahre kennen wir uns. Katarina und ich. Im Kükenstadium, bei ersten Schritten und Figuren sah ich sie, und dann im Riesenjahrzehnt ihres Weges zum Champ begleitete ich Katarina als Fernsehkommentator. Auch bei den größten Siegen, den Goldenen von Sarajewo 1984 und Calgary 1988. 1989 kommentierten wir noch gemeinsam die Weltmeisterschaften in Paris-Bercy. Dann trennten sich die Wege.

Ihre B-Notenvorzüge sind mir so gegenwärtig wie manche A-Noten-Nöte. Unübertrefflich im Künstlerischen, kargte sie mit den Schwierigkeiten. Doppellutz/Dreifachtoelopp und Dreifachtoelopp/Doppeltoelopp, Dreifachsalchow in Kombinationen bedeuteten neben anderen ihre Hauptsprungattraktionen. Manchmal mäkelten Experten, dies reiche nicht aus. Es reichte immer. Vor allem, wenn es hart auf hart ging. Da übertraf sie sich. Dann war sie die beste Katarina, die es gibt. So in Sarajewo, in Cincinatti, in Calgary. Hingen die Trauben am höchsten, sprang sie auch am besten, sogar den Dreifachrittberger.

Überhaupt, Jutta Müller und Katarina, beide Dezembergeborene, leben im Sternzeichen der Schützen. Ich ebenso.

Zusammengeraufte raufen länger. Und, extremes Schwanken zwischen Depression und Ovation, zwischen Euphorie und Zorn, legt Schöpferlust für Dauerleistungen frei und führte zu ihrer souveränen, seltenen Klasse.

Daran denke ich bei Cole Porters »Kiss Me, Kate« nach Shakespeares »Der Widerspenstigen Zähmung«. Das könnte Lebensdrehbuchvorlage für beide Frauen geworden sein. Fürs Streiten, fürs Gewinnen. Und Porters wunderbares »Wunderbar, wunderbar …«, die schönste Melodie darin, drückt vielleicht am besten und nachhaltigsten den Stempel, das Siegel auf beider Leistung.

Wie Kate-Katarina nach ihrer Sportkarriere in den USA und in anderen Ländern die Profikarriere fortsetzte, die Wege als Superstar der Eisrevuen und Eisshows einschlug, liefert ein nächstes Kapitel, das für deutsche Verhältnisse einmalig ist. Nach dem Calgary-Sieg vom 27. Februar 1988, den 27 Prozent aller möglichen USA-Fernsehzuschauer, sechzig Prozent aller DDR-Seher miterlebten, war schon abzulesen, ihr öffneten sich Tür und Tore zu neuen Erfolgen. Bei »Hollyday on Ice«, im Film »Carmen on Ice« führte Katarina fort, was ihr mit der Carmen-Suite, der Maria aus »Westside-Story«, als Crazy Girl … Jubel und Medaillen brachte. So, wie ihr einst in Karl-Marx-Stadt der Choreograph Jan Suchy Möglichkeiten wies, förderten in den USA und Kanada, vor allem künstlerisch und geschäftlich, Brian Orser und Brian Boitano ihr Können und Wollen. Und darin ist sie – es ist nicht sehr höflich, dies auf eine junge Dame zu beziehen – eisern, hartnäckig, zäh, beharrlich; da scheut sie weder Fleiß noch Schweiß.

Mir fiel natürlich auf, wie ihr im Wendewind manche Leute Früheres vorhusteten. Normal. Auch da konterte sie gekonnt. Und, leider seltener zu registrieren, das respektierte man. Aus Gegenwind wurde wieder Rückenwind. Besser wäre noch, vielen anderen, die Gleiches verdienten, wenn sie auch lange nicht so viel verdienen, geschähe das auch.

Schon aus ähnlichen Gründen hätte ich gewünscht, Gaby Seyfert, die schon vor dreißig Jahren als erste Frau der Welt den Dreifachrittberger sprang, Christine Errath, Annett Pötsch und andere erhielten zu ihrer besten Zeit Chancen, die Katarina bekam.

Nehme ich alles in allem, bleibt eine glückliche Bilanz, für die ich den Müllers, Witts, Seyferts, Erraths, Hoffmanns ... herzlich danke. In der Gruppe meiner vier, fünf Sportarten, die ich als Fernsehkommentator bediente, nimmt das Eiskunstlaufen direkt neben Leichtathletik und Nordischem Skisport die Spitze ein. Auch das oft nicht zu unrecht kritisierte Taktieren von Preisrichtern und Interessengrüppchen konnte da nur wenig beeinflussen. Dazu sind Eiskunstläufer, egal, woher sie kommen, ein viel zu freundlich-fröhliches Völkchen. Meist viel aufgeschlossener als Vertreter anderer Sportzweige. Sehr selten mal ergaben sich Hindernisse bei Interviewwünschen. Umgekehrt: In diesem schillernden Sport ist fast jeder selbst und sofort bereit, öffentlich zu sein, sich zu öffnen und darzustellen. Das bringt die Sache mit sich. Muffel bleiben außen vor. Kisses for You, all skaters and Kates.

Befremdliches

Wo kam er her, wie schlich er sich heran, wie überfiel uns dieser merkwürdige Ausdruck, dieses befremdliche Wort »Evalvation«, etwas eingedeutscht »Evaluierung«? Mich zwang das Buchstabenungetüm zum Blick ins Nachschlagewerk. Da, zwischen Evakuierung, was immer noch Räumung heißt, und Evangelium, Sammlung von Evangeliumabschnitten, wurde ich fündig. Evalvation, daraus ableitend evalvieren oder nur valvieren bedeutet, »Geltung, beziehungsweise den Wert eines Objektes abschätzen oder feststellen«. Na bitte. Und wer erinnert sich noch an die Vorgehensbeauftragten, an Evalvationäre? Sie nahmen nach der Wende Betriebe, Einrichtungen, Institute, Universitäten, Sektionen und so weiter unter die Lupe. Sie demonstrierten eine neue Vorherrschaft – Prädomination – und bestraften direkt oder indirekt die Prädezessoren, die Vorgänger im Amt. Alles Kauderwelschen verniedlicht jedoch. Es ging schon haarig zu.

Ein kleines Beispiel:

Eines Tages tauchte eine Kameragruppe des MDR auf. Ich wurde gefragt: »Zuschauer interessieren sich für den Verbleib verschiedener Dinge. Wissen Sie, was aus der Unterschriftenwand von ›Porträt per Telefon‹-Sendungen des DDR-Fernsehens geworden ist?« Nein. Nach Monaten kehrte die Mannschaft zurück. »Wir recherchierten. Folgendes geschah: Eine Kommission begutachtete im Fernsehfundus, was noch brauchbar ist und akzeptabel. Für diese Autogrammwand gab's das Aus. Sie landete auf dem Müll.« Es war das Zeugnis von 254 Live-Sendungen, die zu den populären zählten.

Ab, auf den Scheiterhaufen der Geschichte.

Beim Wie des Tuns fiel mir Theodor Storms Brief an den Schriftsteller Friedrich Eggers, geschrieben 1867, ein, nachdem sich Preußen die beiden Herzogtümer Schleswig und Holstein einverleibt hatte. »Wir können nicht verkennen, daß wir unter Gewalt leben. Das ist desto einschneidender, da sie von jenen kommt, die wir gegen die dänische Gewalt zu Hülfe riefen und die uns jetzt, nachdem sie jene bewältigen geholfen, wie einen besiegten Stamm behandeln; in dem sie wichtige Einrichtungen, ohne uns zu fragen, hier über den Haufen werfen und andre dafür nach Gutdünken oktoyieren. Obenan ihr schlechtes Strafgesetzbuch, worin eine Reihe von Paragraphen – längst der juristischen wie der Moralkritik verfallen – ehrlichen Leuten gefährlicher sind als den Spitzbuben, die sie angeblich treffen sollen. Und obwohl Preußen – sowohl wegen der Art, wie sie das Land gewonnen, als auch, weil wir zum geistigen Leben der Nation ein großes Kontingent gestellt haben – alle Ursache zu bescheidenem Auftreten bei uns hat, kommt doch jeder Kerl von dort mit der Miene des kleinen persönlichen Eroberers, und als müsse er uns erst die höhere Weisheit bringen … Die unglaublich naive Rohheit dieser Leute vertieft die Furche des Hasses … Auf diese Weise einigt man Deutschland nicht.«

Bloß ein »Storm« im Wasserglas?

Günstig wäre oder wäre wenigstens gewesen, alles in Deutschland zu valvieren. Vom Oderbruch bis in den Schwarzwald, von der Zugspitze bis nach Kap Arkona. Und überall nach gleichen Kriterien. Für die Ämter und Unis, Fernsehen und Rundfunk, Sport und Kultur, gegen Bürokratismus und Schlendrian, Nutzloses und

Überflüssiges … Welche Chance für gemeinsamen Gewinn! Vertan.

Ja, in den Sendeanstalten der DDR saßen auch Menschen, die nur das richtige Parteibuch auf die Stühle trug.

Und heute? Welche Rolle spielen jetzt Parteibücher? Wie wirkt der Proporz aufs Programm, auf Inhalte und Mitarbeiter? Hanns Joachim Friedrichs schrieb dazu. Und die jetzt in den Sendern Arbeitenden wissen das auch. Wie handeln sie heute und nach allen gehabten Erfahrungen? Und wieder, wie immer, gibt es in den Hintern der Chefs kaum noch Platz. Auch heute ist Nicken mehr als Gymnastikdisziplin.

Schließlich, wer valviert endlich im deutschen Sport? Wann, bevor vieles und das Restliche endgültig den Bach hinuntergeht? Gerade im Sport, wo vieles leichter, klarer meßbar ist, was Leistung bedeutet und wie sie wächst, sollte das doch fast vorbildlich geschehen können, eigentlich passieren müssen. Nehmen wir die Trainer. Hier hemmt, ein Teil von ihnen ist »Verbeamteter«, und das in einer Leistungsgesellschaft. Andere ziehen immer mehr ins Ausland, mithin zur Konkurrenz. Wieder nur ein prägnantes Beispiel, das für Dutzende steht:

Wolfram Lindner. Der Mann aus dem sächsischen Hainichen, zwischendurch Berliner, ist heute Fast-Schweizer. Er führte DDR-Radsportkönner zu Friedensfahrtgewinnen, Weltmeistertiteln und Olympiasiegen. Im deutschen Straßenrennsport der Nachwendezeit gab's für diesen weltweit geschätzten Experten keinen Platz. In der Schweiz wiederholt er seine Erfolge und machte die Velo-Eidgenossen 1996 bei Frauen und Männern zur Weltradsport-Nation Nummer eins!

Was sagte einst ein schwejkscher DDR-Fußballtrainer über Dummheiten, die hier geschahen? »Über Nizza lacht die Sonne, und über uns die ganze Welt.«

Grizzly

Noch heute könnte ich mich für diese alte, sture Haltung backpfeifen. Immer war ich gegen Hunde. Irgendwann, irgendwo, irgendwie mußte ich Schaden genommen haben. Welchen? Keine Ahnung. Jedenfalls schleppte ich Hundeangst fast durchs ganze Leben. Kam mir einer zu nahe, klemmte nicht er, sondern ich den Schwanz ein. Sprang er an mir hoch, um Himmels willen. Herz und Haltung rutschten bis in die tiefste Hosentasche. Alles galt, bis Grizzly kam.

1990. Die Lebensumstände ringsherum stolperten. Arbeitsplätze wackelten. Das Abwicklungsgespenst ging um. Da geschah's. An einem freundlichen Sommernachmittag. Aus dem Tochter-Auto wieselte ein dunkles Etwas. Scheu, verlegen. Für Sekunden muß ich ziemlich blaß geworden sein. Und sprachlos. Dann hörte ich eine Stimme, wie von sehr weit weg: »Grizzly, geh!«

Alles sträubte sich. Grizzly nahm inzwischen auf meinen Schuhen Platz. Dann rieb er sein dichtes Fell an meinen Beinen. Hunderte Gedanken irrten durch den Kopf. Oder keine. Schwer, ganz schwer, das alles zu erläutern. Jedenfalls muß der Kampf, wenn es denn überhaupt einer war, in Sekundenschnelle entschieden worden sein. Grizzly guckte mich an. Ich guckte zurück. Er hatte gewonnen. Blitzsieg in Runde eins.

Später hörte ich von der Familienkonspiration, von allem Hin und Her, das der Entscheidungsminute vorausging.

Sieben Jahre ist das her, schöne, reiche Hunde- und Menschenjahre. Grizzly, bärenähnlich, wiegt inzwischen runde fünfzig Kilo. Ein Hundehalbschwergewicht.

Maske auf vier Beinen. Ich lernte, daß er Mischling ist; Mutter Labrador, Vater Schweizer Senn. Zufrieden, fast stolz machen mich Erläuterungen, Mischlinge sind noch ursprünglicher, natürlicher und damit widerstandsfähiger als die sogenannten Reinrassigen. Ehrlich, mir soll's recht sein, und ich respektiere längst jeden Hund. Kleine, große, dicke, dünne. Und ich bin mit vielen auf du und du.

Hundebekanntschaften fördern auch Ost-West-Beziehungen. Da zuckelt ein Pärchen aus Reinickendorf, hier eines aus Pankow. Heute schwatzen Weddinger mit Weißenseern erst übers Futter und dann über Politik. Morgen verabreden sich Hunde-Menschen aus Lübars mit welchen aus Rosenthal. Jawohl. Hundehalter aller Stadtteile, vereinigt euch!

Gern gebe ich zu, andere Tierfreunde genießen sicherlich mit anderen Tieren Ähnliches. Freundschaft mit Tieren. Keiner wird dadurch ein schlechterer Mensch. Vielen schenken Hunde, alle Tiere, in komplizierten Lebenssituationen Harmonie und Freude. Mir half Grizzly über schwierige Zeiten, und schon deshalb ginge ich für ihn durchs Feuer. Grizzly ist mir auch ein idealer Gesprächspartner. Er hört immer zu und antwortet nie. Daraus entwickeln sich alle möglichen Dialoge. Wenn er das linke oder rechte Bein hebt, um sein nasses Geschäft zu erledigen, erkläre ich ihm, wie das mit Menschen ist. Die pinkeln auch. Doch eine Spezie sind die Anpinkler. Statt Bäume suchen sie andere Menschen, und in Zeiten wie diesen, haben sie Hochkonjunktur. Beim Anpinkeln anderer meinen sie, vom eigenen Mist abzulenken.

Das machen Hunde nicht.

Talkshows

Gundlach, Schäfer, Christen, Böttinger, Kiesbauer, Schreinemakers, Schmidt, Hörig, Kachelmann, Phettberg, Fliege, Kerner … Moment mal, ein Dutzend Namen schon, die allesamt für Fernsehdutzendware stehen, und es könnten weitere Dutzend folgen. Sie gehören zur Multigruppe der Fernsehinflationäre. Sie betreiben in zirka hundert Sendungen dieser Unart das Geschäft der Berufsselbstbeschädigung und Dauerdegradierung von Programmen.

Kein Thema ist ihnen zu fad, keine Trivialtirade zu naß, um alles öffentlich-rechtlich oder privat auszubreiten. Sie füllen Programme ab wie andere Flaschen. Manchen gelingt das Tag für Tag. Meisterschaft des Kleinkarierten. Fernsehen, wo bist du hingeraten (worden)?

Als das Talken, rustikaldeutsch: Quatschen, aus den amerikanischen Sendern zu uns herüberschwappte, schlug die Stunde aller Nachahmebegabten. Was da läuft, muß auch hier laufen. Plagiatoren kennen keine innere Bremse. Sie springen in jedes Boot. Auch wenn es nur im flachsten Wasser dümpelt.

Dabei gab's mal andere Zeiten. Da diskutierte man über Inhalte, rang ums Erkennen und sah erst die Sache und dann die Gäste und dann sich selbst. Heute heißt so was Fernsehen vom Mond. Jürgen Graf, ein RIAS-Altmeister, versuchte dem Bazillus der Nichtigkeiten mit »Talk ohne Show« zu begegnen. Gelungen. Doch schon deshalb dann nicht mehr gebraucht. Zu Zeiten der Harry Valerién, Rainer Günzler und Wim Toelke talkten die Meister im »Aktuellen Sportstudio« mit Witz und Inhalt. Vorbei. Die sich heute Master nennen, verweisen solchen »Zinnober« zum Antiquitätenhandel. Offensichtlich halten sie auch Handwerksregeln für zugestaubt, die erst Fleiß und Vorbereitung, dazu möglichst große Sachkenntnis verlangen.

Ich hatte das Glück im Blablabla-Unglück, alles direkt zu erleben. Auf mehreren Kanälen im deutschen TV-Urwald. Lässigere Oberflächlichkeit, arroganteres Werkeln – nicht bei allen! – ist mir früher nie begegnet. Sendungen zum schnellen Vergessen und Ablenken. Damit übererfüllen sie einen Zweck.

Doping

Omeinjeh.

Kaum etwas anderes bietet heute im Sport – doch nicht nur dort – Chancen, Goldmedaillen in der Disziplin Heuchelei leicht zu gewinnen. Viele bewerben sich und halten das Thema Doping heiß. Bevor ich mich an diese Apostel wende, will ich mich, gänzlich ungedopt, zur Sache selbst äußern.

Ich verabscheue Doping. Jedes! Und überall auf der Welt! Schon deshalb, weil ich mich als Anhänger eines puren, meinetwegen auch epikureischen Lebens sehe. Ich pfeife auf alles Allzuviele und das viele Falsche, was Menschen tun, essen, trinken, und auf das Mehr, Immer-immer-Mehr. Das treibt uns alle in den Abgrund.

Und: Es ist bedauerlich, daß im DDR-Sport gedopt wurde. Wie anderswo. Das wirft Schatten auf das Gute, was die internationale Sportwelt anerkannte, und was sich viele noch immer zu Nutze machen. Auch hier wird das Schlimme noch schlimmer durch die Heuchelei. Im über 800 Seiten starken Werk, das sich »Enzyklopädie von Körperkultur und Sport« nennt und zu DDR-Zeiten Mehrfachauflagen erreichte, sind dem Thema Doping drei Sätze gewidmet. Ich zitiere: »Ein Sportler hat jedoch sein Leistungsvermögen durch ein systematisches Training und nicht durch Anregungsmittel (Doping) zu steigern. Es geht dabei nicht nur um das Ethos des Sports, sondern auch um die Gesundheit und die Dauer des sportlichen Leistungsvermögens der Leistungssportler. Im DDR-Sport ist die Verwendung von Mitteln, die zu den Dopingmitteln gerechnet werden, durch Beschlüsse der Sportverbände und Leitungen grundsätzlich untersagt.«

Bravo! Gold für diesen Heuchlerakt. Und peinlich für alles und alle, die sich hinterm Wort Leitungen verbergen.

Sachlich sind (wenigstens) noch folgende drei Fakten einzubeziehen. Erstens: Jedes Doping kann nur einen Punkt aufs I setzen. Kein Faulpelz wird per Doping Meister. Trainingsfleiß, Trainingssystematik auf der Grundlage wissenschaftlicher Erkenntnisse, Trainerkönnen, vorbildliche Betreuung, gesellschaftliche Förderung, alles zusammen bildet die entscheidende Basis für erstrangige Resultate. Zweitens: In einigen Sportarten brächte Doping eher Nachteile. Beispiele – Eiskunstlaufen, rhythmische Sportgymnastik, Wasserspringen, Kunstschwimmen ... Drittens: Drogenkonsum, mithin Doping, ist so alt wie die Menschheit. Auch im Sport wird es seit zig Generationen benutzt. Deshalb ist es die nächste Heuchelei, den DDR-Sport als Erfinder dieser miserablen Sache an den Pranger zu stellen. Seit sieben Jahren existiert die DDR nicht mehr, und überall wird weiter gedopt. Doch solches Instrumentalisieren ist hinlänglich bekannt, durchschaut, und es verliert seine Wirkungen.

Diese zusammengefaßten Erläuterungen ändern kein Milligramm am Tatbestand. Doping ist verwerflich. Es beschädigt alle Ethosansprüche des Sports. Es ist Betrug am Partner, an der Konkurrenz. Schon deshalb sind die Dopingkontrollbemühungen und daraus abgeleitete Sanktionsversuche aller Ehren wert. Nur, den Wettlauf – fürchte ich –, den ständigen Wettkampf zwischen neuen Erfolgen auf dem Pharma-Markt und den Gegen-

Fahndern kann der Sport kaum gewinnen. So, wie Präparate unsere besonderen Säfte, Blut und Urin, überlisten, überlisten die Erfinder immer wieder die hinterherschleichenden Laborkönner und deren Bemühen, Täter zu überführen.

Doch dieser Kampf wird auf einem Nebenschauplatz geführt. Auf dem Hauptfeld spielt das Geld. Die oberste aller Drogen. Das Urdoping. Daran hängt, danach drängt doch alles. Und dieses Hauptsuchtmittel der Menschheit ist unschlagbar. So lange die Welt sich dreht. Hoffnungen, der zum Gelde gierende Mensch könnte sich verändern, »säubern«, seinen Egoismus besiegen, solche Hoffnungen trogen stets. Das Lebewesen Mensch verhält sich urkreatürlich. Durch alle Systeme, wie letztlich wieder das Systemwettrennen – wenn es denn eines war – bewies.

Wie verhängnisvoll sich die Spezies Mensch vertut, demonstriert der Blick aufs umfassende, viel gefährlichere Doping. In Deutschland werden für 1996 vier Millionen Menschen als drogensüchtig angeführt. Im 1997 veröffentlichten Bericht des Fachverbandes Sucht ist aufgeschlüsselt registriert: 2,5 Millionen Menschen sind alkoholsüchtig, 1,4 Millionen sind als Tablettensüchtige in Behandlung und etwa 300.000 nehmen harte Drogen wie Heroin. Die Dunkelziffern sind bedeutend höher.

Was bedeutet das im gesellschaftlichen Vergleich zum Sportdoping? Wo bleiben hier die dauerhaften öffentlichen Aufschreie, das Alarmschlagen, das Rufen nach Schuldigen?

Und das Heuchlerischste am Heuchlerischen: Der Staat verdient daran Milliarden per Alkohol- und Nikotinsteuern. Für Tabakverbrauch allein 25 Milliarden DM im Jahr! Er steckt es ohne Skrupel ins Etatsäckel. Er stopft damit Haushaltslöcher aller Art. Und die Gesellschaft, jeder Steuerzahler trägt die Kosten für alle Suchtfolgen wieder mit. Jeder von uns.

Wenn so Gewinn vor Gesundheit geht, wer darf sich dann noch zu unsauberen Sportgewinnversuchen äußern? Zur Rede gestellte Heuchler argumentieren, dies hat mit Doping im Sport überhaupt nichts gemein. Schließlich handelt es sich um Genußmittel, die eben zu besteuern seien. Wieso ist es deshalb kein Doping? Wieviele Zeitgenossen, die in der Ellenbogengesellschaft nur schwer zurechtkommen, die um den Arbeitsplatz bangen und deshalb alles tun, auch zur Tablette zu greifen und zum Alkohol, sind tagtäglich gedopt, um sich gegen den Job-Konkurrenten zu behaupten, sich durchzuschlagen? Gemessen an solchem Milliardendeal ist der Sport ein Dopingstümper.

Und im Vergleich der Moral?

Welcher Moral?

Moral?

Rhabarber

Es gibt Dinge, die gibt es eigentlich nicht. Ein solches Phänomen ist der Berlin-Brandenburger Radiomarkt. Über Radiomasse oder Klasse anderswo kann ich leider nicht urteilen. Hier bin ich jedoch Dauerhörer.

Fünfundzwanzig, in Ziffern: 25, Programme prasseln auf mich ein, wobei rund die Hälfte täglich beweist, überflüssig zu sein. Viele Anbieter ähneln sich wie ein Ei dem anderen in Programmstruktur und Qualität. Hauptleistung – Moment, schrieb ich tatsächlich Leistung? – ist Musik. Aus Konserven. Wird gesprochen, was bei den meisten ohnehin selten geschieht, zieht es einem oft die Schuhe aus.

Früher hieß es einmal, »Handwerk hat goldenen Boden« und »jedes Handwerk will gelernt sein«. Richtig. Und frühere Radiomacher, von den heutigen logisch als Methusalems und Gruftis bezeichnet, bezogen das auf ihr Mundwerk ebenso.

Um nun nicht in alle Fettnäpfe zu treten, konzentriere ich mich mit den folgenden Bemerkungen vorrangig auf Mundwerker des Sports. Die kenne ich. Gestrige und Heutige. Kaum vorstellbar, daß die allermeisten mundwerkeln dürfen, ohne jemals eine Stunde Sprecherziehung miterlebt zu haben. Vor willigen Hörern agierten und agieren sie als Laien. Wobei es natürlich stimmt, ein guter Laienspieler kann angenehmer sein als ein schlechter Schauspieler. Bitte sehr.

Doch zurück zum Viertelhundert auf dem Berlin-Brandenburger Radiomarkt. Dort palavern Moderatoren nach dem Motto: Mundwerk braucht überhaupt keinen Boden. Sie reden ins Bodenlose. Ich wage, daran zu erinnern: Einst mußten Radiosprecher, gleich welcher Redaktion oder Programmrichtung, nachweisen, für diese öffentliche Tätigkeit ausgebildet und geeignet zu sein. Experten, Schauspieler, Chefsprecher, Regisseure, gebildete Produzenten überprüften die Sprechkultur der Bewerber. Sie gaben oder verweigerten den begehrten Mikrofonpaß. Ist das Ewigkeiten her?

Inzwischen wurde es möglich, mit Macken und mundwerklichen Schwächen steil zur »Kultfigur« aufzusteigen. Manche gelten bereits vorm Start als Star.

Nochmals zu den Sendern. Sie leben, überleben, zumeist jedenfalls, und das ist verblüffend. Ich meine nicht die Öffentlich-Rechtlichen, sondern Private. Die zehren von Werbegeldern. Daß über gute Programme geworben wird, leuchtet ein. Aber andere, die bloß Rhabarber-Rhabarber produzieren, Aufgüsse vom Aufguß, und alles im uniform-»modernen« Hauruck- und Hallihallo-Bequatsche …?

Jetzt quäle ich mir ein Beispiel ab. Hunderte gibt es. Tagaus, tagein. Also: Der Talker eines Berliner Senders schwätzt am Geburtstag von Katarina Witt über deren sogenannte Staatsnähe, über ihre zu dicken Oberschenkel, die gar nicht sein Geschmack sind, und dann gleich weiter – alles ohne Punkt und Komma – über Flugzeugzwischenfälle, Fastnotlandungen in Tegel oder Schönefeld, naja, wobei es auch eigentlich schnuppe ist, wo die mal runtermüssen …

Es kräht kein Hahn danach. Ist Radio eigentlich noch eine Kultureinrichtung?

Daß gerade Berlin in besonderer Radio-Tradition steht, will ich wenigstens schüchtern anmerken. Immerhin schlug an der Spree, exakter am Potsdamer Platz, die deutsche Radio-Geburtsstunde. Vor fast fünfundsiebzig Jahren, am 29. Oktober 1923, tönte es premierenfeierlich aus einigen Lautsprechern: »Hier Sendestelle Berlin. Voxhaus. Wellenlänge vierhundert.« Bald zählte man 467 zugelassene Empfänger. Anfang Januar 1924 waren es schon 1580. Und 1925 erfreuten sich bereits deutschlandweit 548.749 Hörer an insgesamt acht Programmen. Ein Siegeszug ohnegleichen. Erst das Fernsehen brach dann in den fünfziger Jahren und folgend alle bisherigen Rundfunkrekorde.

Zu erinnern bleibt auch, daß damals ausschließlich die Privatwirtschaft Kapitalgeber war. In Berlin zuerst die Schallplattenfirma Vox. Tusch und Danke. Nur, mußte inzwischen, auf dem Weg der Jahrzehnte, alles so kommen, wie es kam?

Lassen wir bitte das gute alte Radio nicht zum Brechmittel verkommen. Es genügt zu wissen, daß die Knöterichpflanze Rhabarber immer noch als durchschlagende Abführhilfe dient.

DeLisle

Der »alte Ami«, wie er sich selber nennt, war Programmchef bei 94,3-rs.2, einem der populärsten und erfolgreichsten Berlin-Brandenburger Privatsender. Rik DeLisle und seine Mannschaft zeigen, daß es anders geht. Auch dort verzichtet man nicht auf die meisten Hörfunk-Zutaten von heute. Es wird jedoch handwerklich besser gemacht. Zwei, drei andere Berliner Privatradios handeln ähnlich. Rik ist noch eine Besonderheit.

Jahrelang, im Kalten Krieg, hörten Berliner und Brandenburger seine angenehme sonore Stimme über AFN. American Forces Network. Der USA-Soldatensender. DeLisle zählte schon da zu den Besten seines Faches. Speziell auf der AFN-Strecke ausgebildet, weltoffen, konnte sich mancher eine Scheibe abschneiden. Nach seiner abgelaufenen AFN-Karriere entschied er sich, in Berlin zu bleiben, und wechselte zum RIAS. Dort setzte er neue Qualitätszeichen. Über RTL-Radio kam er schließlich zum RIAS-Nachfolger rs.2. Rik lieferte aber mehr als ausgezeichnete Radioarbeit, Moderatorenkönnen, Programmgeschick mit Witz und Pfiff.

Ich will das sachlich skizzieren: Er kannte Ost-Reportagen und Unterhaltungssendungen, und er kannte natürlich auch Ost-Kollegen. Wir waren jahrelang Radiobekannte über die Mauer hinweg. Nach der Wende, nach dem Mauerfall, als es für Westler nun nicht mehr karriereopportun war, Ostkollegenkontakte unbedingt zu pflegen oder gar aufzubauen, zeigte der Ami Rik DeLisle, was Haltung ist, was Toleranz bedeutet. Er kam auf Ostler zu, reichte die Hand zur Zusammenarbeit, »weil endlich alle zusammengehören. It's okay, I'm Rik!«

Kleine

Fünfundzwanzig Millionen Mitglieder bilden den Deutschen Sportbund, DSB. Verständlich, diese nach Zahlen stärkste gesellschaftliche Kraft besonders zu rühmen. In dieser Großfamilie strotzen Vereinsgiganten wie Bayern München, das allein wohl über fünfundzwanzigtausend Mitglieder zählt. Im DSB leben und leisten Asse von Weltklasse für sich und uns Großes, was ganz und gar zu loben ist. Auch, daß ihnen bestmögliche Unterstützung gebührt. Der Großteil der Vereine sind jedoch kleine und kleinste, die sich ebenfalls mühen.

Mein Berliner Verein zählt etwas mehr als hundert Mitglieder. Wir nennen uns Laufclub Ron Hill, nach dem einstigen britischen Marathon-Europameister. Warum gerade so? Das ist eine Extrageschichte. Bei Ron Hill Berlin sind nur Freizeitläufer zuhaus. Werner Zock als 1. Vorsitzender unserer Hundertschaft ist dabei ein Vorstreiter, wie er im Buche steht. Er ficht für alle und alles. Ein Rentner eben, der niemals Zeit hat, weil er seine nahezu komplett dem Verein und seinen Freunden schenkt. Bei allem geht es dabei meist um Kleinbeträge und Kleinerfolge. Die aber Freude machen. Für Bayer Leverkusen oder den Hamburger SV wär's nur winziger Abfall, was hier Großes bedeutet.

Ron Hill organisiert eigene Cityläufe. Natürlich im Miniformat. Weiblein und Männlein reisen, meist gemeinsam, zu zig Laufveranstaltungen quer durchs Land. Vom Großereignis am Rennsteig zum kleinen beim Pankower Pfannkuchenlauf.

Ich gehörte bisher fünf Vereinen an. Vor 1945 als Fußballer dem CSC Friesen Cottbus, dann als Leichtathlet.

Nach dem Krieg Cottbus-Ost, auch keine große Truppe. Als die Ostler zweimal Brandenburgischer Fußball-Landesmeister wurden, lernte ich als ihr Sprecher im Stadion der Freundschaft das ganz kleine Mikrofoneinmaleins. Dann wechselte ich als Tennisanfänger zu Medizin Cottbus. Dort waren wir etwa hundert Gleichgesinnte. Mit dem Berufsumzug nach Berlin zog ich später zu Grün-Weiß Baumschulenweg, das zu Treptow gehört. Ich spielte mit der dritten Mannschaft des Vereins in der Tenniskreisklasse. Das führte mich ringsherum, nach Erkner und Zeuthen, zu Friedrichshagens fünfter Mannschaft und der dritten beim Wohnungsbaukombinat. Manchmal gewannen wir sogar. Ein Dutzend Verletzungen, Muskelfaserrisse, Sprunggelenkzerrungen, Tennisarm, Schulterstauchungen und Sehnenriß gehören bei mir zu dieser Bilanz. Besonders engagiert war Grün-Weiß im Seniorentennis, und das große Turnier lockte im Herbst Tennisfreunde aus dem ganzen Land in den Plänterwald. Das war gut und anerkannt.

Ganz und gar nicht gut empfanden wir Querelen und Gängeleien, die DDR-Sportverantwortliche gezielt auf Tennis richteten. Dumm und töricht sahen Wirklichkeitsfremde da ein Kapitalistensportrudiment, schon, weil sich alles im verdächtigen Weiß abspielte. Dem wohl fünfzigfachen (!) DDR-Tennismeister Thomas Emmrich, damals in Berlin und jetzt in Magdeburg zu Hause, widerfuhr Schlimmeres als bloße Peinlichkeit. Ihm legte die DTSB-Führung Steine über Steine in den Weg, um mögliche Weststarts zu verhindern. Dem starken Talent Emmrich vermasselten sie eine möglicherweise große internationale Karriere. Tennis zählte im DDR-Leistungssportkatalog nicht zu den geförderten

Sportarten. Es galt: daß nicht sein kann, was nicht sein darf … Auch anderswo im Weltsport kann man es sich nicht leisten, alle vierzig Sportarten gleichermaßen zu fördern, das ist einzusehen. Nicht akzeptabel ist jedoch, denen jeden Weg nach oben zu verbarrikadieren, die es aus eigener Kraft schaffen. Das ist sportfeindlich. Der Höhepunkt des Blödsinns war, beispielsweise, Tischtennisspieler nicht einmal zur Europameisterschaft zu lassen, selbst als die vor der eigenen Haustür, im »benachbarten sozialistischen Freundesland« stattfand. Das ist eine prinzipielle Frage, hieß es im Funktionärsdeutsch. Ja, als Prinzipienreiter richteten Deutsche schon immer Großes an …

Von den kleinen Clubs, die ich allesamt verehre, will ich noch zwei weitere große würdigen. In Berlin: Borussia Friedrichsfelde. Jedes Jahr laden die Leichtathleten zum Gartenlauf, einem Berliner Original, ein. Kreuz und quer durch eine – voller Sympathie so genannte – Laubenpieperanlage in Tierparknähe führt der Kurs. Aus allen Ecken Berlins kommen Läufer. Jürgen Starck und Günter Peschel rotieren als unermüdliche Motoren, und viele helfen. Zum Abschluß der Gartenfeste lädt man Prominente ein, und mit Läufern und Gästen gibt's rege Diskussionen. Man sieht, was neue Ideen und alte Tatkraft auf die Beine stellen.

Von dieser Klasse sind gleichfalls Initiativen des Übungsleiters Dieter Wils bei Linde Schönewalde. Vielleicht ist es gut, auf einen Heimatatlas zu gucken, um Schönewalde, nicht weit weg von Herzberg, zu entdecken. Da, wo sich Brandenburg, Sachsen und Sachsen-Anhalt zum Länderdreieck treffen. Linde Schönewalde. Seit sechsunddreißig Jahren widmet sich Dieter

Wils den jungen Leichtathleten. In Brandenburg sind die »Lindes« eine anerkannte Kraft, die dem Kinder- und Jugendsport immer wieder Impulse gibt. Alle freuen sich, wenn ein Talent wie Speerwerferin Dana Lehmann dann den Weg nach Halle zur Bundestrainerin Maria Ritschel und in die Gruppe von Olympiasiegerin Silke Renk schafft.

Prima, daß es noch die Wils und Lindes gibt. Ron Hill und Borussia. Ohne sie könnte der Sport einpacken. Gerade jetzt, da sich Hindernisse häufen, alles vom Geld abhängt, kränkelt die Basis. Startgelder für Schüler, Reisekostenzuschüsse, die abgebaut werden, Gebühren fürs Trainieren auf heimatlichem Platz und in Berlin bereits Abkassieren fürs Laufen im Grünen – das sind Beleidigungen des Sports, Feindlichkeiten gegen Kinder und Jugendliche, Verhöhnung aller Helfer.

Wenn von den Verantwortlichen nicht begriffen wird, daß Bäume, die blühen sollen, Wasser an der Wurzel brauchen, wird's traurig für den deutschen Sport. Geht denen nicht bald ein Licht auf, wird bei den Kleinen das Licht ausgehen. Dann »Gute Nacht«. Und dieses Zappenduster rückt näher.

Athen

Wanderer, kommst du nicht nur bis Sparta, sondern auch bis Athen, Reisender, Urlauber, Sportsmensch – sieh dich um! Staune nicht nur über die Patina vieltausendjähriger Geschichte, sondern ebenso über Heutiges. Die Olympiastadt von 1896, jener Renaissancepremiere, bewarb sich wieder um die Spiele von 2004. Noch haben die Griechen ihre gewaltige Enttäuschung nicht überwunden, bei der Bewerbung für die Jubiläumsspiele 1996 von Atlanta bezwungen und so von den IOC-Mitgliedern gedemütigt worden zu sein. Das Internationale Olympische Komitee, längst oberstes und mächtigstes Geldunternehmen Olympias, folgte allen Verlockungen der Coca-Cola-Welt- und Geldmetropole.

Inzwischen rappelten sich Tatkräftige zur neuen Aktion. Kein gutwilliger Sportanhänger und Olympiafreund zwischen Nord- und Südpol mißgönnt Athen eine endliche Zweitauflage nach 1896.

Meine jüngsten Athen-Eindrücke entstanden 1996, im hundertsten Jahr der modernen Spiele. Nichts hätte mir krasser, desillusionierender vor Augen führen können, wohin in diesem zurückliegenden Jahrhundert das Olympia-Schiff segelte, welch rigiden Wege der einst olympische Sport vom Amateurismus über den Professionalismus zum brutalen Kommerzialismus, zum Sportzirkus nahm.

Wir waren um die hundert Marathonfreunde, zumeist aus den jungen Bundesländern, die das direkte Erleben auf dem klassischen Kurs von 1896, den Atem der Geschichte und der Neuzeit spüren wollten. Insgesamt kamen zum Jubiläum über dreitausend Läufersleut aus vierzig Ländern. Es wurde ein unvergeßliches Volksfest. Der Lauf selbst, alles Drumherum gestaltete sich zum Freundestreffen der Marathonis, die sich völlig zurecht für tolerant und lebensfreundlich halten. Die allermeisten zählen wahrscheinlich auch nicht zu den Tagträumern, zu den verlästerten Nostalgikern und zu kritisierenden Gestrigen, die Sport immer noch in Filzpantoffeln von anno dunnemals sehen. Nein. Wohl jeder akzeptiert die Wende zum Geldverdienen, gönnt den Besten auch besten Salär.

Indes, was im Oktober 1996 auf dem 42,195 km langen Weg von Marathon bis ins Panhellenische Stadion von Athen zu Füßen der Akropolis passierte, ließ manchen dennoch am Sport von heute zweifeln. Ich kenne viele, die – wie ich – die Heimreise trotz des schönen Erlebnisses enttäuscht und resigniert antraten. Unter den reichlich dreitausend Teilnehmern befand sich nicht einer der Weltelite. Dabei ziehe ich den Elitekreis schon bis zu den besten zweihundert bei Frauen und Männern. Nicht ein einziger kam, um dieses besondere Fest mitzufeiern. Befragt, warum das so war, antworteten Gastgeber und Organisatoren peinlich berührt: »Hier gibt's kein Geld. Wir haben keins, um Start- oder Preisgelder zu zahlen …« So hielt es die Elite für angezeigt, zu Hause zu bleiben. Einwände, das Ereignis läge kalenderungünstig, weil am Ende des Olympiajahres, dazu die schlechte Luft zwischen Iliosos und Kephisos wegen des nicht gesperrten Autoverkehrs – alle Hinweise solcher Art sind Ausreden. Jeder Starter aus Australien, Japan, aus Kanada und Brasilien, alle von überall angereisten Frauen und Männer, die das Erlebnis Athen-Marathon 1996 aus eigener Tasche bezahlten, hätten sich gefreut, eines der lebenden Olympia- und Marathondenkmäler wenigstens als Starter oder bei der Siegerehrung direkt begrüßen zu können. Glücklich empfingen alle ihren Lorbeerzweig, der für Elitäre nur noch Plunder ist. Olympier ist nur noch der kleine Mann. Ihm gilt Beifall und Ruhm dafür, daß er das Fähnlein hochhält. Olympiasieger, Medaillengewinner, Klasserenner mutierten zu Unternehmern. Dort, wo es nichts zu verdienen gibt, lohnt es nicht. Kaufmannsdenken ist gefragt. Idealismus gehört ins Museum. Ein Flugticket, das Hotel aus eigener Tasche bezahlen, zwei-, dreitausend Mark nur so, für nichts? Wer, wo sind wir denn …

Olympia heute.

Hellas von Hellas müßte Trauer zeigen. Spiridon Louis sich im Grabe umdrehen. Besser wär's, die griechische Göttin Athena, Namensgeberin der Stadt, würde für Sekunden lebendig, um ihren Namen, ihre Herkunft als Göttin des Blitzes zu demonstrieren. Blitz und Donner gegen diese Haltung, gegen die Totengräber der olympischen Idee!

Aber ach – wem und wo halfen schon mal die Götter …

Nachwuchs

Ein angenehmes Thema, schon deshalb, weil jeder mal Nachwuchs war. Später wird das meistens schnell vergessen. Warum eigentlich? Sobald jemand von oben guckt, will er die Ameisenperspektive nicht mehr kennen …

Ich habe niemals vergessen, wie meine Bewerbungsaktionen kläglich scheiterten. Erst die bei den Theatern, dann im Rundfunk. Am stärksten wurmte mich, daß alles nur per Post geschah. Absage, kein Bedarf, Briefmarke – basta. Nicht eine einzige Testeinladung. Das sagt schon viel. Wie mag das heute sein?

Als Nachwüchsler begegnete ich in den Funkhäusern reiferen Herren, die gelegentlich einen Rat erteilten. An systematische Ausbildung und Förderung war nie zu denken. Wir sind die Generation der Autodidakten. Später wurde manches anders, auch besser. Heute müßte es überhaupt kein Problem sein, an allen Universitäten und Hochschulen, wo Journalistik oder Publizistik gelehrt werden, eine moderne, vor allem praxisbezogene Ausbildung anzubieten.

Alles beginnt bei der Nachwuchssuche. Das Sichten möglicher Talente ist der erste und entscheidende Prozeß. Bereits da passieren jedoch die meisten Fehler. Oft stimmen nicht die Testverfahren, meist stimmen aber schon nicht die Tester. Das zeitigt schlimme Folgen.

In unseren Funkhäusern gehörte es leider zur Praxis, daß Tester agierten, die selbst schwächliche Handwerker waren, von der Natur kaum beschenkt. Dazu richteten sie ihre Examina nach falschen Grundkriterien aus. Sportfachwissen und Allgemeinwissen standen meist im Vordergrund. Dabei sollte es um Begabungssuche gehen.

Begabung, meinen Psychologen, ist ein gewisser Teil der Intelligenz, den manche im höheren Maße, andere im geringen besitzen. Logisch, beim Reportertest sollten die mit höherem Begabungsanteil an rhetorischen Fähigkeiten, mit auffälliger und natürlicher, möglichst origineller Eloquenz entdeckt werden. Fachwissen, wer wann wo und wie Weltmeister wurde, Fragen nach Paul Piesepampels Torerfolgen, das alles bedeutet an der Stelle des möglichen Reporterweges nichts. Das ist zu erlernen. Von fast jedem. Doch leider ist nicht jeder ein wirkliches Reportertalent. Das zeichnet kreatives Fabulieren aus. Und eine für diese spezielle Tätigkeit erforderliche Stimme. Bereits die Geburt schenkt uns solches Organ. Ich kann es zwar durch dauerhaften Fleiß, durch Trainieren stärken, ich kann auch mein ureigenstes und auf der Welt einmaliges Instrument durch Fleiß bestmöglich beherrschen und mit ihm spielen lernen. Aber ob es wie eine Stradivari oder Amati klingt, habe ich nicht in der Hand.

Dr. Helmut Schulze, der in den siebziger Jahren an der DHfK (Deutschen Hochschule für Körperkultur und Sport in der DDR) promovierte, der zirka fünfundvierzig Jahre auf vielen Feldern erfolgreich als Sportreporter arbeitete, machte sich auf der speziellen Test- und Ausbildungsstrecke besonders verdient. Neben seiner Tätigkeit bei Radio DDR entwickelte er Nachwuchsstrategien, die sich sehen lassen können. Mit seiner beachtlichen praktischen Erfahrung und mit den erworbenen Theoriekenntnissen vereinigte Schulze die wesentlichen Voraussetzungen für erfolgreiche Lehr-

und Organisationstätigkeit. Dabei stieß er, nicht verwunderlich, anfänglich auf verbissenen Widerstand, der gewiß nicht nur für DDR-Universitäten oder Hochschulen typisch war. Theoretiker sträuben sich häufig gegen Praktiker. Vermeintlich Unberufene läßt man nicht gern an gutbezahlten Stühlen rütteln. Solch hinterwäldlerische Positionen hemmen. In jedem Fach. Schulze überwand sie an der Leipziger Karl-Marx-Universität mit bemerkenswerter Hartnäckigkeit. Gegen Mißtrauen und Dogmatismus setzte er neue Ideen und seine Besessenheit und Überzeugungskraft. Diese Leistung brachte dem Nachwuchs Nutzen.

So entstand in den achtziger Jahren in zunehmend guter Zusammenarbeit des Senders Leipzig mit Helmut Schulze, der Journalistik-Sektion der Universität und der DHfK eine Spezialausbildung junger Sportreporter für Hörfunk und Fernsehen. Einmalig in Deutschland. Parallel zum Normalstudium absolvierten die Kandidaten, getestet und für befähigt befunden, theoretische und praktische Übungen, bei denen ihnen versierte, jahrelang trainierte und anerkannte Reporter zur Seite standen. Erstmals gelangten auf diesem Erfolgsweg Talente in die Sportredaktionen dieser Medien. Dazu gehörten Maybrit Illner, Kristin Otto, Hagen Boßdorf, Jens-Jörg Rieck, Konstantin Sauer, Ingo Dubinski, Wolf-Dieter Jacobi ... Daß die Genannten nach der Wende einen nahtlosen Übergang zu ARD und ZDF fanden, einige sich als besonders vielseitige Begabungen auch in anderen Sätteln bewähren, spricht für die Ausbildungsqualität und vernünftiges Fördern. Boßdorf, beim ORB, und Jacobi, beim MDR, stehen zudem bereits in leitenden Positionen.

Angenehm, noch folgendes anzumerken. Herbert Fischer-Solms, ein erfahrener Sportjournalist beim Deutschlandfunk, hielt fest, was in anderen Details auch der einstige WDR-Intendant Friedrich Wilhelm Freiherr von Sell anmerkte: »... völlig unstrittig ist die eminent hohe Qualität des DDR-Sportjournalisten, seine Ausbildung, sein Fachwissen, das durch die politische Wende nur unwesentlich tangiert wird ... Dies sind Errungenschaften, die im bundesdeutschen Sportjournalismus nicht überall gleich stark ausgeprägt sind. Insofern wäre zu wünschen, daß der Sportjournalismus, wie er in der Bundesrepublik gepflegt wird, vom hohen Standard der DDR-Kollegen befruchtet wird.«

Dieser Beitrag stammt aus dem Jahr 1990. Aus 97er Sicht muß hinzugefügt werden: ... Keine Einrichtung der alten Bundesländer, die sich mit Journalistik oder Publizistik beschäftigt, auch nicht die Sporthochschule Köln, fanden bisher den Weg, mindestens das in der DDR Entworfene und Bewiesene zu diskutieren, geschweige denn, es in der Studien- und Ausbildungspraxis fortzuführen oder weiterzuentwickeln.

Energie

Was Energie alles im Physikalischen bedeuten kann, muß ich nicht erklären. Im übertragenen Sinne steht das aus dem Griechischen stammende Wort für Willensstärke und Tatkraft. Jawohl. Das charakterisiert den Cottbuser Fußball seit Jahrzehnten. Deshalb: Wer den Fußballfrühlingswirbel mit Energie 1997 miterlebte, wer sich mit Hunderttausenden über Ligaaufstieg und Pokalendspiel freute, sollte sich bitte auch erinnern lassen. Gleich nach dem Krieg nämlich pflanzte Cottbus-Ost neue Traditionen, die auf fünfzigjährigem Weg nun zum Höhepunkt führten.

So weit ich auch zurückblicke, bis hin zu Alemannia Cottbus, die bereits 1905 und 1909 in der Vorrunde zur Deutschen Meisterschaft spielten, zu Askania und Viktoria Forst, CSC Friesen Cottbus und später Grube Marga bzw. Brieske Senftenberg, Energie Cottbus als später Cottbus-Ost-Nachfolger schaffte das bisher Größte für Brandenburgs Fußball. Und da beziehe ich auch die Taten der Babelsberger, der Frankfurter mit dem Vorwärts-Fußball und Brandenburg an der Havel mit ein.

Cottbus-Ost, übrigens in Rotschwarz angetreten, begründete die Entwicklung mit den beiden Landesmeisterschaften 1947 und 1948. Was damals schon los war an der Spree, läßt sich für heutige Anhänger nur schwer beschreiben. Als am 13. Juli 1947 Cottbus-Ost im Stadion der Freundschaft vor zehntausend Besuchern gegen Forst-Mitte um den Titel spielte, stand ich vorm Stadionsprecher-Mikrofon und gab diese Aufstellung bekannt: Pöschk–Wraßmann, Schlodder–Lüddecke,

Koal, Miethke–Grabicke, Schöne, Kohl, Popp, Gröschke. Jeder erkennt sofort, die Mannschaft formierte sich noch mit zwei Verteidigern, drei Läufern und fünf Stürmern und agierte grundsätzlich im WM-System, wobei sich beide Außenläufer mit den hängenden Halbstürmern zu einem Viereck trafen.

Beim Stand von 2 : 2 erzielte Hans Schöne, seinerzeit bester Cottbuser, wahrscheinlich auch bester Brandenburger Fußballer, technisch exzellent und mit ausgezeichnetem Schußvermögen, dank verwandeltem Elfmeter das Siegestor. Ich behaupte, die Begeisterung schwappte ähnlich hoch, wie bei den 97er Toren. Was heute Eduard Geyer für Energie bedeutet, war damals Erich Lüddecke als Außenläufer und gleichzeitiger Trainer. Zudem beschaffte er unermüdlich Essen und Trinken, etwas Geld von den Mäzenen, Cottbuser Geschäftsleuten, und er organisierte die LKW- oder Busfahrten von Hörlitz bis Forst. Nach Kiekebusch oder Dissenchen ging es per pedes oder mit der Straßenbahn bis zur Endstation in Madlow oder Sandow. Keiner der Spieler besaß ein Auto. Unvorstellbarer Reichtum in jener Zeit, wo Schmalhans Küchenmeister war.

Für mich wurde es doppelt erfolgreich, weil ich als Stadionsprecher lernen konnte und nach den Spielen am Essen teilnahm. Jawohl. Ein Berg Kartoffeln, etwas Fleisch, vorher manchmal eine dünne Suppe – der Himmel auf Erden. Genauso war es bei den Boxern. Georg Snoppek hatte mich zum Sprecher am Ring erkoren. Bis dahin wußte ich überhaupt nicht, daß es so etwas gab, daß dies notwendig ist. So rief ich dann in den Stadtsälen, im Schützengarten- oder Gewerkschaftshaus ins nicht zimperliche Publikum: »Achtung, Achtung! Nun kämpfen im Halbschwergewicht: aus Cottbus der DDR-Meister Hans Robak …« Dann schwoll Riesenbegeisterung im Saal und ließ die Wände wackeln.

1948, am 6. Juni, wiederholte Cottbus-Ost seinen Triumph im Forster Stadion, unmittelbar am dicken Wasserturm. Finalgegner war Babelsberg, heute wieder im Kommen, das gleichfalls über eine prima Mannschaft verfügte, die ich gern und aus Verehrung noch einmal nenne: Schröder–Bartholomäus, Balduin–Unger, Warmo, Böck–Gregor, Tietz, Apel, Werner Gießler, Schlüter. Cottbus-Ost trat mit Golombowski–Koal, Wraßmann–Lüddecke, Adam, Piesker–Wohlfart, Kohl, Schöne, Oelke und Popp an. Artur Oelke schoß das 1 : 0. Nun, Achtung! Fünfzehntausend Zuschauer säumten das Stadion! Tausende kamen aus Cottbus und Babelsberg angereist, und in der Stadt feierten bis nach Mitternacht ein paar Tausend in den Kneipen und auf den Straßen mit nassem Hallo die zweite Landesmeisterschaft.

Als dann Cottus-Ost zur Vorrunde der ersten Ostzonenmeisterschaft gegen Thüringens Meister Weimar-Ost im Stadion an der Spree spielte, drängelten sich wieder fünfzehntausend! Doch die Traversen waren noch flach. Eine Tribüne gab's nicht. Die Fans, wie es heute heißt, standen dicht bei dicht wie Ölsardinen, und ich staune noch heute, daß dies überhaupt ging und die Polizei alle Augen zudrückte. Leider unterlag Cottbus in der 101. Minute, also erst in der Verlängerung, mit 0 : 1. Trotzdem, ein riesiger Tag.

Bekanntlich ging es dann zu DDR-Oberligazeiten für Energie Cottbus wie im Tabellenfahrstuhl, mal rauf, mal runter. Abstieg, Aufstieg. Daß es zur Konzentration des

Lausitz-Fußballs unterm Dach eines SC Cottbus kam, muß ganz besonders dem Briesker Fußball gedankt sein. Brieske-Senftenberg spielte, kämpfte, überzeugte, begeisterte dreizehn Jahre in der DDR-Oberliga und erreichte 1956 die DDR-Vizemeisterschaft. Kumpel-Kämpen wie Franke, Auras, Fischer, Lehmann, Lemanczyk, Pietrzak, Ratsch, Schwandt, Hentschel, Marquardt, Wachtel, Wiesner ... schrieben gleichfalls ein bemerkenswertes Kapitel deutschen Fußballs. Zehntausend Fußballanhänger und mehr strömten ins alte, später in ein neues Stadion, das längst wieder der Abrißgeschichte zum Opfer fiel. Brieske selbst zählte nur dreitausend Einwohner und rund ums Stadion gab es immer wieder den vielleicht allergrößten Fahrradparkplatz mit Tausenden Drahteseln, viele Marke Eigenbau. Bravo Brieske! Und verständlich Ärger und Schmerzen, als 1963 ein Großteil der gelbschwarzen Elite nach Cottbus mußte. Andererseits blutete auch Energie Cottbus, 1966 aus dem SC Cottbus hervorgegangen, ständig in Richtung Dynamo bzw. BFC. Lausitz-Asse wie Troppa, Lauck, Riediger, Noack, Bernd Schulz ... wurden nach Berlin »gezogen«, machten dort allerdings beachtliche Karrieren.

Neben solchen Fakten ist es – wie sagt der Lausitzer? – zum Piepen, west-deutsches Wissen und Fühlen zum Energie-Aufstieg zu lesen. Da heißt es – und dies sind Auszüge aus einer renommierten Zeitschrift: »Das 3 : 0 des FC Energie Cottbus gegen den Karlsruher SC wird im Osten zum Stellvertretersieg über den Westen erhöht.« Und über die Stadt, meine Heimat, wurde in gewohnt einfallsloser Arroganz berichtet: » ... hinter der, wie selbst Ureinwohner unken, direkt die Taiga beginnt.« Ich zähle zu den Ur-Cottbusern, die immerhin wissen, wo Karlsruhe oder Wolfsburg liegen, und die das gesamt-deutsche Heimatwissen von Westsiegern immer staunend zu Kenntnis nehmen. Wer eben nur »geschundene, von Braunkohlebaggern zerstörte Landschaften« im Osten sieht und auf dem Westauge blind blieb, dem kann leider kaum geholfen werden.

Tucholsky

Es sind die letzten Seiten. Höchste Zeit.

Vergangenes war zu beschreiben. Auch zu erklären? Für wen? Und warum?

1945, im Herbst nach dem Krieg, las ich, verlaust im Zelt auf Nordstrand, den zerfledderten Reclam-Faust. Als Siebzehnjähriger stolperte ich über die Zeile »Laßt Vergangenes vergangen sein«. Unmöglich, dachte ich, unmöglich nach allem, was gerade hinter uns war.

Und jetzt?

Mein erstes Buch, das ich mir zuhause kaufen konnte, war, 1948, wieder im Herbst, Tucholskys »Gruß nach vorn«. Bis heute hat es seinen besonderen Platz. Damals kannte ich nur Tucholskys Namen, das Knappste seines Lebens. Ich verschlang jede Zeile. Alles mit dem Blick zurück und der Hoffnung nach vorn.

1997, fast ein halbes Jahrhundert später, finde ich nach meinem Er-Leben kein treffenderes Buch-Ende, keinen realistischeren Aus-Blick.

Tucholsky betitelte das erste, der von Erich Kästner für jene Ausgabe bestimmten Kapitel mit »Start«. Kurt Tucholsky schrieb darunter, quasi als Motto: »Alles ist richtig, auch das Gegenteil.« Daneben stellte Kästner folgenden Auszug des 1931 von Tucholsky verfaßten »Lerne lachen ohne zu weinen«:

»... Und wenn alles vorüber ist – wenn sich das alles totgelaufen hat: der Hordenwahnsinn, die Wonne, in Massen aufzutreten, in Massen zu brüllen und in Gruppen Fahnen zu schwenken, wenn diese Zeitkrankheit vergangen ist, die die niedrigen Eigenschaften des Menschen zu guten umlügt, wenn die Menschen zwar nicht klüger, aber müde geworden sind, wenn alle Kämpfe um den Faschismus ausgekämpft und wenn die letzten freiheitlichen Emigranten dahingeschieden sind –:

dann wird es eines Tages wieder sehr modern werden, liberal zu sein. Dann wird einer kommen, der wird eine geradezu donnernde Entdeckung machen: er wird den Einzelmenschen entdecken. Er wird sagen: Es gibt einen Organismus, Mensch geheißen, und auf den kommt es an. Und ob der glücklich ist, das ist die Frage. Daß er frei ist, das ist das Ziel. Gruppen sind etwas Sekundäres – der Staat ist etwas Sekundäres. Es kommt nicht darauf an, daß der Staat lebe – es kommt darauf an, daß der Mensch lebe.

Dieser Mann, der so spricht, wird eine große Wirkung hervorrufen. Die Leute werden seiner These zujubeln und werden sagen: ›Das ist ja ganz neu! Welch ein Mut! Das haben wir noch nie gehört! Eine Epoche der Menschheit bricht an! Welch ein Genie haben wir unter uns! Auf, auf! Die neue Lehre –!‹

Und seine Bücher werden gekauft werden oder vielmehr, die seiner Nachschreiber, denn der erste ist ja immer der Dumme.

Und dann wird sich das auswirken, und hunderttausend schwarzer, brauner und roter Hemden werden in die Ecke fliegen und auf den Misthaufen.

Und die Leute werden wieder Mut zu sich selber bekommen, ohne Mehrheitsbeschlüsse und ohne Angst vor dem Staat, vor dem sie gekuscht hatten wie geprügelte Hunde. Und das wird dann so gehen, bis eines Tages …«

Inhalt

Quellennachweis
Kurt Tucholsky, »Gruß nach vorn«, Rowohlt Verlag 1930

Fotonachweis
Archiv, Berliner Verlag: Bildteil I, S. 7 (1), 8 (2)
Archiv, HFO:
Bildteil I, S. 1 (3), 2 (2), 3 (3), 4 (2), 5, 6 (2), 7 (1),
Bildteil II, S. 1, 2 (3), 3, 4 (3), 5, 6 (3), 7 (2), 8 (3),
Bildteil III: S. 4 (2), 5 (1), 6 (2), 7 (2)
Waltraud Denger: Bildteil III, S. 3
Manfred Krause: Bildteil III, S. 5 (1)
Wulf Olm: Bildteil III, S. 5 (1)
Hartmut Schorsch: Bildteil III, S. 2 (1)
Kurt Schwarz (NBI): Bildteil III, S. 1
Klaus Winkler: Bildteil III, S. 2 (1)
Rolf Zöllner: Umschlagfoto

ISBN 3-360-00914-2

2. Auflage 1997

Rosa-Luxemburg-Str. 16, 10178 Berlin
Umschlagentwurf: Jens Prockat
Druck und Bindung:
Ebner Ulm